「人生+金錢」攻略指南

2022

本書價值>10萬美

你所不知的世

The world that you don’t know yet

心不空 理路不明 則生障礙

心空了 妄念不起 則無罣礙

世上唯一穩賺+高利息項目首公開　提高收入更好人生精華融合在這

自序

本書在去年11月自己命名，並在FB創立了粉絲團，取名也跟日文有關，「你所不知的世」，當初的構想，「世」是想代表世界、事情、獨特性知識，本書前面的框架很快就寫好了，最後結尾花了超過半年，在網路上用兩倍速觀看影片，來學習很多成功、致富、財商相關資訊，也到誠品翻閱其他改變命運的相關書籍，並把這些精華放在結尾，書中前後相加也有中西合併的概念！在 *Secrets of the Millionaire Mind*《有錢人想的和你不一樣》一書中，作者 T. Harv Eker（哈維．艾克）把他兩萬美金的演講濃縮到他的書裡，也可以說《有錢人想的和你不一樣》這本書，至少有兩萬美金的價值；而本書綜合仙佛智慧（現在宇宙運行法則）＋聖賢流傳下來的智慧＋許多富豪的成功模式，讀完本書並每項去實行，不一定能致富，但一生可多賺或省下6或7位數以上台幣！若像過去的我一樣，「超過自己認知就不相信」的想法來看這本書的話，變好的幅度有限，換言之，能用空杯心態來學習，加上台灣是全世界能量場排名前三的黃金寶地（若要說排第一也不為過），前兩年疫情，國外經濟、各方面損失慘重，死亡率大增，而台灣有許多修行者和茹素的人，相較之下，在台灣生活根本太幸福了！

從本書上市後，要漸漸扶搖直上就從此刻開始！目前世界已進入財富重新分配的階段，加上前幾年仙佛說：天時緊急，業力討報加速，當時我真的無感，但二〇二〇初，疫情大爆發時，那時我才能理解，的確病毒也是一種因果病，業力多了個媒介來討報，果然仙佛都是先說後應；就高能量場而言，台灣幾乎位居世界第一，加上台灣在農曆七月很會普渡，況且國外的人大多不知道本書所提的一些方法，你看完後並去實踐，在這幾年財富重新分配的情況下，不就等於你有更多機會，比以前分到的財富還多嗎？

各位好，我以前從事餐飲業內場居多，大三開始也陸續做了16年多的網球裁判，11年前跟風，去澳洲打工渡假，在西澳陸續待了三年左右，二〇一五年回來台灣，跟許多背包客回台後遇到一樣的問題~找不到像澳洲那麼高薪的工作！這跟自身的技能、行業別，有很大的關係，但也有工程師的朋友，回來後沒有這樣的困擾。

撰寫本書所得會全數捐給有打齋活動（蔬食愛心餐）的餐廳和建學校，撰寫本書目的是利他，並想讓更多人提升或翻身，進而推動均富，一個人的力量有限，在看完本書並願意去實行本書提到的方法後，收入是絕對能慢慢增加的！只是這需要時間，要不要讓自己變更好在於自己，期望能有更多人對這個世界運行的法則有正確的認知！

心不空　理路不明　則生障礙
心空了　妄念不起　則無罣礙

以爲自己都懂了或不願學習新知、未知，像杯全滿的水，無法再加水進去，唯有倒掉一些或全倒掉，內心保持清空，才能容納更高的智慧，接觸到更好的人事物。

目錄

現代改變命運五大方法

一、了解因果十轉念

這點會被排在第一，它重要的原因在於，了解因果的存在，比較容易懂得放下，原本的見解、誤會因此而改觀，不再計較、記恨，進而有正念，也才能創造出比原本更好的結局；反之，一般不了解或不相信因果的人，較容易因為某件事而被打擊，因此難過、失望、記仇、生氣，當然這聽起來很平常，但這兩者有非常非常大的差異！

舉例來說，某人懂得放下後，不再因爲以前的抉擇而後悔，不再因爲吃過誰的虧而記仇，不再因爲工作上的不順心而煩惱，把負面情緒降低、消化掉，保持積極正向，這倒讓他的工作效率變好，加上吸引力法則，他會比較容易心想事成，所以也比較容易接觸到更好的人事物；也有些人知道要放下，但是談何容易？例如過世的親人、寵物、對我不好的人、交往好幾年的另一半最後分手等等……，放下並非冷血或忘記這些自己曾經美好的回憶，主要是要放下仇恨、惡習、比較、計較、脾氣，簡單的說，若能嘗試著放下這些，讓自己重新開始，保持正知正念，這樣的思維、行為，能造就比原本更好的未來！也能讓自己遇到較好的人事物。

觀世音菩薩說過：「天底下沒有一件憑白無故發生的事。」這句話也證明了因果的存在，凡事都是有前因後果的，眞的了解因果，那還有什麼事好抱怨、好計較的呢？所有發生在你身上的事，都是來磨煉、造就你的，只是不知道、不了解、不相信因果，所以這一生中，產生了許許多多的仇恨，互相傷害、互告，浪費時間、損失金錢，這是你想要的結果嗎？可能因爲某一世結下的善緣，所以你這輩子時常受到這位貴人的相助；也可能某一世的仇恨，所以這輩子不論對方做什麼，你都看他不順眼；你有沒有曾經對某個人很好，但他卻不太領情？

下面這則小故事有些人看過，但它可以讓你更了解因果：有位書生和未婚妻約定好在某天結婚，到了那天，未婚妻卻嫁給了別人。書生受此打擊，一病不起，家人用了很多方法都無能爲力，眼看書生奄奄一息。這時路過一位雲遊四海的僧人，得知書生的情況，決定點化他。僧人來到書生面前，從懷裡取出一面鏡子叫書生看。在鏡子裡，書生看到茫茫大海，一名遇溺女子屍體一絲不掛地躺在海灘。路過的第一個人，看了一眼屍體，搖搖頭就走了。路過的第二個人，將自己的衣服蓋在女屍上就走了。路過的第三個人，挖了一個坑洞，小心翼翼的把屍體埋了。書生看完了鏡中景象後不解。僧人說：「那具海灘女屍，是你未婚妻的前世。你是路過的第二個人，給她蓋上衣服，她今生和你相戀，只爲還你一份情。但她最終要報答一生一世的人，是最後那位把她埋葬的人，也就是她現在的丈夫。」書生恍然大悟，病就好了。

網路上因果或業力的故事太多了，其中比較知名的是明朝袁了凡的《了凡四訓》，YouTube 上也有了凡四訓的動畫影片；種什麼因，得什麼果，有的善果、惡果會有現世報，有的可能是下輩子才會相遇、發生的，「欲知前世因，今生受者是；欲知來世果，今生作者是」，正好也呼應了因果存在！了解後要能轉念，眞的才有更好的結局，凡事皆有正反兩面，就看你用什麼角度去看待，不要再勾心鬥角，不要只想著怎麼做，對自己最有利，不要排斥他人，不要埋怨、嫉妒，不妨把惡緣轉爲善緣，一切會更好！

世上八、九成以上的人，都覺得世上有很多不公平的事，有人含著金湯匙出生，不用太多努力，就有多數人稱羨的人生；每天也有許許多多的人，要塡飽肚子就已經很不容易了；也有許多人說司法不公，判決不公平，因爲這是人去定的，人去分的，並非完善，若用更高維度的標準來制定法律，你覺得還會有過去種種司法不公的問題產生嗎？而用更高維度來看這世界，世上最公平的兩件事是時間和因果，每個人都有一樣的時間，只是累世的功過不同，每個人正遭遇著因果的果，而大多數的人不知此事，所以產生了比較、計較、怨恨，無形中又造了一些過和口業，得不償失啊！雖說有些人不信因果，但美國、英國有大學已證明現世報的存在，也有科學家發現這是科學的一環。

「感謝生命裡的所有因緣，有了過程才學會轉念。」2020.10.11

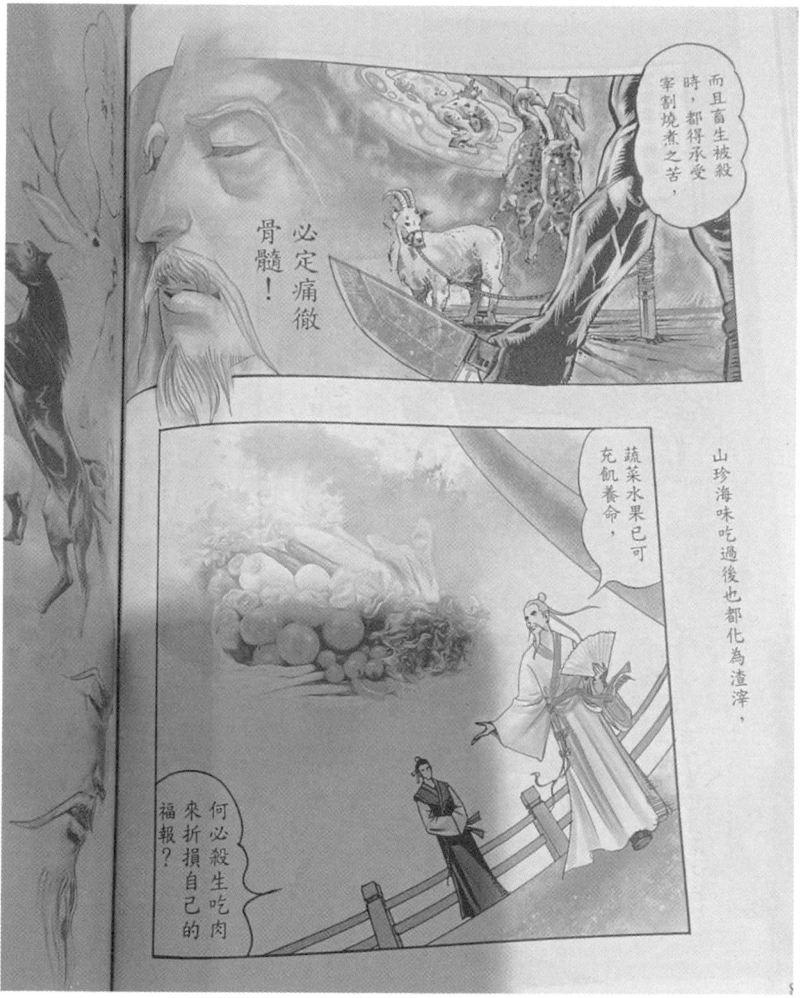
而且畜生被殺時，都得承受宰割燒煮之苦，
必定痛徹骨髓！
山珍海味吃過後也都化為渣滓，
蔬菜水果已可充飢養命，
何必殺生吃肉來折損自己的福報？

圖為《了凡四訓》內容

二、願力大於業力

願力指的是自己所發的善愿，業力指的是「六萬多年來，累世所欠的債，無意、有意造下的因果，所傷害到的生靈，他們有冤氣在，得不到功德還要繼續生死輪迴」，絕大多數的人都不知道自己累世犯了怎樣的過錯，業力也是封面所提的隱形負債，也是很多人口中的冤親債主、冤親大德。

業力可能並非只要功德，若你在某一世害他不淺，他可能只要索取你的命，你做再多的功德他也不要，若不是發生在自己的親朋好友身上，我能理解這的確是不容易相信的；每個人生下來都有業力，多與寡而已；仙佛云：「人有善愿，天必從之。」你發下了善愿且有去做，上天會給你助力，幫你一起完成；富人要捐十萬，跟只有十幾萬存款，卻也要捐十萬的愿力是截然不同的。

《勸發菩提心文》裡有提到：「金剛非堅，願力最堅。」跟大家分享個愿力的故事：有位貧女叫難陀，她想布施點燈供佛，於是她四處乞討，終於化到一枚錢，她拿這一枚錢去買燈油，賣油人說根本不夠，但出於同情而給她兩倍的油，恰巧可點亮一盞燈，她把它放在佛陀面前的眾燈之中；第二天天亮時，值班的目犍連尊者看到所有的燈都滅了，唯有難陀這盞一直很明亮，他用手或袈裟大力揮也滅不掉，這時佛陀看到了便說：「因爲這盞燈的主人所發的心非常廣大，即使你用四大海的水也澆不熄，用山中的大風也吹不滅。」這時難陀也來到佛前，向佛陀頂禮，當下佛陀就爲她授記，說她在二十劫之後能夠成佛。

你發的善愿愈大，力量也愈大，這也是佛教說的「發大愿」，發愿跟你富不富裕沒有關係，你可以即刻也許下一些做得到的善愿，並努力去實踐，雖然完成後不一定馬上會有回報，但長期下來，你會有明顯的感受！觀世音菩薩也曾經說明了何謂業力：「每個人都在奔跑，而業力就像許多匹馬在後面追趕。」簡單的說，比較沒在做善事的人，累世所累積的福報用完了，時間一到，就容易遇到不好的事，而爲了不被業力追上，可以多做功德，並發下自己辦得到的善愿！所以善愿要大於業力（隱形負債），不要負面思想，事情大多會很平順；做愈多善事，業力會相對的減少，人生道路就自然變得順遂！佛陀也做了總結：「諸惡莫作，眾善奉行，自淨其意。」根據佛教的說法，諸惡莫作是說只要你不作惡，就不會觸發業力的效力，但是這麼說，可能有讀者就會想說，我心存善念就好，而比較不會主動的去幫助人，所以想讓各位了解，最好不要有這樣的心態，因爲你不知道你累世做了什麼，有的人可能這一輩子不作惡，還是會遇上業力顯化來討報，其實只要你有某一世做得非常不好，讓對方受了很大的冤屈而死，像這類的情形，業力申冤成功，拿到了「黑令旗」，他是有權力直接來找你報仇的，就連降妖除魔的關聖帝君也擋不住！所以唯有持續的行善，累積功德，你的生活將會有前所未有的安心踏實。

功德除了讓你有機會達成心願，同時它也是一張保護網，當業力來討報時，功德也是談判的籌碼！「天上功德金，地上銀行錢」，做善事、功德如同存天上的存款，人間的戶頭有再多錢，難逃業力討報或死亡，名車開不到天堂，豪宅也搬不過去，若一邊存自己銀行帳戶的存款，一邊做利益眾生的事，來累積天上的功德金，會有更好的結局！

三、幫上天辦事

有成道的仙佛，位於理天；沒成道但生前做了很多善事，像造橋鋪路、造福鄉民，而被封爲土地公、媽祖、城隍爺等等的神明或代理神，屬於氣天仙；有朋友幫宮廟扛轎、廟裡有活動去幫忙、借給上天當乩身的人、世界面臨許多災難時，跟著氣天仙一起去救災的人，這些都算是幫氣天仙辦事，同時一直在累積福報和功德；有位師兄就分享了封底上寫的「順成人，逆成仙，玄妙只在顚倒間」的意思：「我們在這世上看到很多事情是假的，但是有達到那個境界的人，會懂得反向操作，把假的變成眞的，有時看到前方的利益，一般人會覺得是寶，但其實不是，往往可能讓他們傷害很深，若選擇退讓，不一定不好，後面的收獲可能更多更大；有時人生很難，難在於對跟錯沒辦法選擇，寧可做有良知的選擇，這才是合道」；這裡說的合道，是指合乎天道，符合正道，若在選擇上遇到困難，要憑藉良知良能去決定，合乎天道、道理，才算是選對了路。

關於宮廟的乩身一事，以前有山上、海底的千年妖魔被引到人間來，假冒仙佛之名義，興風作浪，有人把靈界的魔帶回家虔誠供奉，有時連地方的宮廟也被魔侵占，幸好現已平靜，幾乎都處理好了；台灣很多宮廟，少數的宮廟因爲曾有人借機來斂財或假借幫上天辦事來詐騙，所以也讓一些人因此不再相信，殊不知再不好的地方，裡面都可能會有不錯的人，再好的地方，裡面也可能會有老鼠屎，有些人因藉由問事或上天指引，找到人生方向或過得更好，這也是事實；氣天仙有七種不同的法門，一是如來佛祖的紅線，二是……，七是無極老母的金線。

而佛堂有開班程、法會，發心的去幫忙，則算是幫理天的諸天仙佛辦事（同時自己的九玄七祖也能暫時免於在地府受苦，也算是盡大孝的一種方式，是現代累積功德排第二的方法），表面上很多老闆、業務去做義工，當天休店或當下無法服務客戶，但往往他們來幫忙前或幫忙後，生意都會變得較好，仙佛云：「人虧天補」和「三誠七助」，也再三印證了人虧天補！當然這些事是要自己發心，不是來幫忙個一、兩次就能賺較多錢，也不是爲了利益去做；三誠七助是指你有三分誠心，上天會助你七分力，這句話也呼應了剛才提到的「人有善愿，天必從之」，有智慧的人就知道，常發能做得到的善愿，上天會給你很大的助力，除了更快的消滅隱形負債，也能累積功德、福報，讓自己天上的存款（功德金）愈來愈多！人生也會更加順遂！

路上有時會看到有人騎腳踏車在傳福音，甚至有外國人，努力用他會的中文來佈道，這也是幫上天辦事的方法之一，通常這是爲期兩年的無薪工作，且是指派去不同區域，並非能自己選擇想布道的環境；我眞心覺得這也非常不簡單，如果要行善，還不能選擇自己想去的區域，你願意嗎？在中間「八敬神」這段，有本日文暢銷書有提到，神明也有想拜託人類的事，氣天、理天神明藉由借竅，而教會是藉由聖經和先知來傳達善知識。

縱觀這些來幫忙的人，幾乎生活都是愈過愈好但不奢侈（只幫忙一陣子，或傳教兩年後就不再分享福音的除外），知足且熱心助人，比較了解這世界眞實面，加上理天仙佛或氣天仙神明，在不同的因緣當中，告訴大家許多做人的道理，雖然很多是學校有學過的，但當下的氛圍就是能渡化和感動不同的眾生，也讓很多誤入歧途的兄弟或青少年洗心革面，重新做人，這項是家庭、學校做不到的一環，也是國外較爲不知的一塊；當我看到他們幫上天辦事的態度，眞的很多人把這些當成自己的事，不遺餘力，値得敬佩，你幫上天辦事，上天會幫你顧好生活和家人（除非自己不去工作），聽起來神奇，但我看到的是朋友都過得比以前更好，我在整理本書內容時，選不出更好的方法了，你我生逢其時，實在相當幸運！

成功者往往先相信才看見，一般人則是先看見了才相信，這也是貧富差距的原因之一，就好比老子在《道德經》提到的「上士聞道，勤而行之（上士聽了道，勤奮的去實踐）；中士聞道，若存若亡（中士聽了道，或許保留或許遺忘）；下士聞道，大笑之（下士聽了道，哈哈大笑）」。

文末介紹了人生和金錢這兩個遊戲，《孫子兵法》有提到：「故善戰者立於不敗之地。」

其他地方都說投資自己大腦是最好的，這點我也認同，若你想要在人生、金錢這兩個遊戲都立於不敗之地，仔細探討，幫上天辦事是這個年代投報率最高的投資，但前提是，你也得了解人生這項遊戲的本質，並自己去實行，才能發現原來生活可以提升那麼多！

四、唸經迴向十修行

有些朋友會寫《心經》或唸經迴向，效果都滿好的，有位做服務業的朋友，他也說有寫經時，那一陣子的確運氣較好；當然諸如此類的見證很多，它的原理是：業力大多需要功德，你做的所有善事，都可以迴向給自己的業力，或者是父母、家人、朋友，就好像欠錢負債的原理，你還的本金愈多時，你所剩的貸款會愈少，自然會覺得愈輕鬆，生活更好過！

這邊介紹幾本朋友有在唸的經文：

《金剛經》：據說能量最強，最有感應，唸一次約半小時左右，熟悉後，一部可以在25分鐘內唸完；去年底跟朋友推薦這個方法後，他不到一週就打電話來分享成果，大約兩個多禮拜後，又打來跟我接連道謝，並說他一天唸一次，真的效果比他用的其他要花錢的方法還好；前陣子再次跟我道謝，說他這半年賺了七位數，不能說他會賺那麼多完全是因為每天至少唸一遍《金剛經》，但我知道他也是有在捐款的人。

《心經》：最廣泛為人所知的一部，通常兩分鐘可唸完一次，手抄《心經》也不錯，可以練字，讓自己沉澱，靜下心來，它帶來的效果很多，可自行搜尋。

《彌勒救苦眞經》：民國15年，彌勒佛在山東借竅一百天，不吃食物，不退竅所撰寫，也是當代應運的一部經文，通常三分鐘可唸完一次，朋友推薦可以去閱讀它的注釋本。

《普門品》：朋友說唸一部大約20分鐘，他覺得有找教練的概念，每個人適合的教練不同，應該找自己適合的教練；跟自己有緣或自己喜歡的神明，很多人都不同，也像佛教有八萬四千種法門，不同人適合不同的法門，找到自己喜歡或跟自己有緣的，會更有學習的動力。

《桃園明聖經》：三國關公過五關時，經過玉泉寺，守泗水關的卞喜欲殺害關公，普淨和尚與關公爲浦州的同鄉，因而密告之，使關公得以脫身；關公死後顯靈托夢於玉泉寺的所有和尚，口述此本經文的內容，此爲桃園明聖經的由來；有朋友每天唸此經，也有滿好的效果，雖然朋友唸一部能在20分鐘內唸完，但他建議慢慢唸，他唸一部約40分鐘左右。

現代的修行，已經不用像古代要拋家捨業，不用捨棄基本的孝道，出家當和尚或去深山修煉！最簡單的方式，叫做「修行即是當下」，也就是活在當下，例如在工作時就專心工作，與家人用餐時就專心用餐，不要滑手機、看影片或想著過去未來，而是要專注眼前的事物。

修行的進階版是「修身養性」，管好自己的眼耳鼻舌身意，也就是管理好自己的五官和思緒！眼睛不要亂看、偷窺，耳朵不要聽八卦、小人言，不要吸煙、吸毒，不要罵人、說髒話，不要胡思亂想，這是現代較基礎的修行，因爲想不好的，易招來不好的，原理就是如此，吸引力法則是眞的，這也是爲何會有「心想事成」一詞。修行即是生活，即是當下，在家裡或職場難免會遇到一些不順心的事，去除自己脾氣、缺點乃爲上策；很多人懂得這些原理，工作職場上也較容易升遷，因爲不在意同事的批評、惡意中傷，不會跟同事爭執，也不去跟同事聊八卦或去聽八卦；懂得實行這些基本的道理，同時也幫你避開了許多負面的行爲，修行算是遭考不遭劫，那要遇考驗還是劫數，其實決定權在自己，讀完本書，一樣有分別心、比較心，看不起他人或一樣有討厭的人，一樣聽流言蜚語，一樣抽煙，說他人是非、八卦，不好的口頭禪沒改掉，而導致自己不順遂，請問原因何在？本書所提的方法，其實它們都有相通、連貫，很多高手或富豪厲害的是短時間內能看得懂事物的本質，也就是看得透這其中的道理，看得透也容易放下，放不下則容易庸人自擾，放下才不會有煩惱；曾有人說修行以後，反而遇到更多考驗，這件事的底層邏輯是～沒修行是否一樣會遇到考驗？肯定是會的，所以要自己慢慢調整，去除惡根，改惡向善，如果改惡向善後，你遇到的好事通常會比較多？還是沒改惡向善之前呢？

我曾在一個國際的群組看到一篇標題爲「你若是眞修行人，必遭魔難，必遇明師」，但一般人必須得先了解人生的宗旨，理解修行已不像古代那麼辛苦，只是把做人基本標準帶入日常生活後，就能理解沒修行會遇災難，肯定是較不划算的，進階後會明白爲何標題會下必遭魔難；其實災難遠比魔難更遭，悟性高的就知道起碼要先改掉惡習了。

五、響應打齋＋避開葷食

打齋是去年在一家餐廳用餐時，老闆所分享的，他固定每個月會抽一天，提供免費的午餐、晚餐，來鼓勵大家吃蔬食，這樣的善行稱爲打齋，也算是蔬食的愛心餐；滿多常客會捐錢贊助打齋，我聽完也很認同，能鼓勵更多人來享用美味的蔬食，也能讓他們改變對蔬食、素食的看法，原來蔬食餐點也非常好吃，甚至讓他們不排斥蔬食，了解到蔬食原來比想像中的美味！！像連鎖的臭大蔬或一些蔬食餐廳，目前都可以用捐款的方式，讓店家提供蔬食愛心餐給他們指定的對象，每週或每個月都能愛心不落人後的響應，也是跟很多人結下善緣的新方法。

二〇〇八澳洲最佳紀錄片《微妙的平衡：眞相》裡面提到，理想的飲食應該是吃多種蔬菜、豆類、扁豆、穀物、堅果、種子和水果，就像世界上最大的動物群那樣，如此能保證人類和動物獲得植物中的各種營養物質，保證最佳的健康狀態；在肉類加工食品中，也有發現有其它的致癌物質，它們被用做防腐劑，動物性蛋白及膽固醇都與癌症相關；我們的皮膚可經過曬太陽來製造維生素D，每週曬太陽幾次，每次曬15～30分鐘，就足夠供應我們所需要的維生素D；由於活性維生素D對於維持細胞健康狀態至關重要，如果它不能正常運作，則會導致多種疾病，動物性蛋白有阻斷維生素 D 轉換成活性狀態的傾向，長期過量攝取鈣，也會造成維生素 D 的生成下降，大部分醫師並不清楚這些！他們認爲多攝取乳製品和鈣，可以降低骨質疏鬆的風險。

喬治華盛頓大學的醫學博士 Neal Barnard（尼爾 巴納德）說：上個世紀，因消費動物性產品而患病致死的人數，超過了車禍、自然災害和戰爭致死人數的總和，許多常見癌症，已經被證實與我們吃肉時，攝入的這些化學物質有關。

康奈爾大學營養生物化學榮譽教授 Colin Campbell（柯林．坎貝爾）說，動物蛋白，無論直接或間接，都增加了許多疾病的患病風險，最顯著的有癌症、心臟病、糖尿病、老年痴呆症，以及許多自身免疫疾病等，其原理是動物蛋白和脂肪，對單個細胞及整個身體的化學效應，最重要的是，任何動物或魚類的組織被烹調時，都會產生致癌的化學物質，動物蛋白會增加患癌症的風險，其作用機制已經被大量生物化學研究所詮釋。

另外在二〇一四由李奧納多監製的紀錄片 *COW SPIRACY the sustainability secret*《奶牛陰謀：永遠不能說的祕密》，揭露了地球上毀壞性最大的產業（畜牧業），並調查了爲什麼世界一線的環保組織都不敢議論它；環境破壞的主要原因是畜牧業，它也是全世界勢力最大的產業之一，飼養食用型動物消耗了全世界 1/3 的淡水，占用全球 45％的土地，造成多達91%的亞馬遜雨林遭到破壞；一個114g的漢堡，生產過程需消耗660加崙的水（約爲2500公升，美制一加崙=3.785公升），可以讓一個成年人沖兩個月的澡；每生產3.8公升的牛奶，需要3800公升的水；全人類每天飲用197億公升的水，食用952萬噸的食物，而僅僅是全世界的15億頭牛，每天就飲用了1700億公升的水，並食用了6137噸的食物；《和平飲食》的作者Dr. Will Tuttle（威爾．塔托博士）提到，地球人口僅70幾億，每天約有10億人飽受饑餓之苦，全世界所種植的50%穀類和豆類，卻被拿來飼養家畜，在美國的比例，可能接近70%或80%（截至完稿2022/5/30，全球總人口爲79億5372萬，維基百科）。

看完剛才的數據，你可能沒多大的感受，但如果你處於飽餐一頓都非常不易的情況，你很可能會想說，爲何不把穀類、豆類給挨餓的人類吃，而拿去飼養家畜？正是因爲你沒有這樣的困擾，所以一般人較難將心比心，用同理心、換位思考去看待這件不合理的事，如果你的家人、親戚、好友處於飽餐一頓有困難的狀態，你一定會覺得，少養一些家畜可以解決此問題，爲何一定要吃肉？沒那麼多人需要吃肉，自然不會有那麼多的肉品在販賣，也不會養那麼大量的家畜，自然會有更多的穀類、豆類能被人類食用，也就不會有那麼多人挨餓；你能爲挨餓的人著想或給予援助，以後若遇到難關，很容易會有人也爲你著想或幫你。

不論你有沒有飼養寵物，都要愛護動物並關心我們居住的環境，因爲地球只有一個！不知各位有沒有聽過「能量守恆定律」？簡單的說，萬事萬物皆有能量，滿多人都知道要有正能量，但目前世上還是很多人抽菸、吃葷食，滿多人不知道這對他們的影響有多大；有位敏感體質的朋友已戒菸，他之前跟我分享過，他一抽菸，自己的能量就下降一半；而人類所有疾病大多源自葷食，這些動物會因爲死前過度恐懼、痛苦、憤怒，在死亡時體內產生大量毒素，此時牠們的解毒、排泄功能停止了，所以吃葷食會吃進這些屍毒，吃肉會吃進生長激素，吃海鮮也會吃進重金屬，爲了健康，不要讓腹部變成墳場！必須愼選吃的食物，吃進去的東西，會變成可振動頻率的範圍！你要跟好吸收的天然食物能量共振，還是要跟屍體、難消化的共振，就看自己的抉擇。

其實五辛素和蛋奶素只是符合現代最低的門檻和方便法門而已！最好的選擇是全素，爲何國外愈來愈多人推崇「vegan」，推崇全素？這也值得你去了解其中原因！若方便素、鍋邊素是60分，五辛素、蛋奶素則是80分，全素是100分；今年過年時有蛋荒，很多地方缺蛋，也有朋友爲此而擔心，但這件事情的本質是~蛋也有含動物蛋白，選擇安全的植物性蛋白，像花椰菜、天貝、大豆、毛豆、堅果等……，大幅的降低動物蛋白帶給身體的風險（許多疾病），也就是說，對吃全素或了解此事的人，蛋荒不會是困擾。

每個人最終一定都會知道吃葷食有業力討報，只差在是生前知道還是死後知道而已，死後知道會非常痛苦，就像知名韓國電影《與神同行》演的一樣，會接受十殿閻君的審判並受人間上萬年以上的刑罰（每一層的時間不同），並且不斷重覆一樣的刑罰，走完這十殿的審判，再喝孟婆湯，重新投胎；文末提到的《玉曆寶鈔》裡，有詳細的說明，可在書局購買，有的土地公廟、宮廟的善書區也有供人免費取閱。

看了上圖海鮮裡的隱藏危機，你還敢冒險去吃海鮮嗎？曾有朋友問我，到底是肉好吃，還是調味好吃？仔細想想，的確像朋友說的，所有的肉在烹煮後，大多都沒味道，而有的會有腥味，所以是因爲醃過或調味後才好吃，也就是說，一般人只是喜歡有「調味」過的食物，有口感的食物也有相對應的食材能取代，若你眞的知道吃蔬食不會營養不均，且你

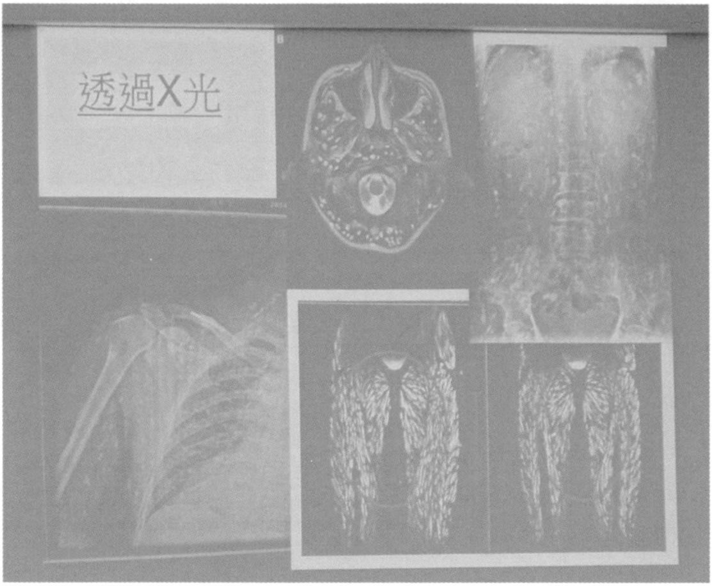

圖為藏在海鮮裡的線形蟲

是有同理心、愛心的人，其實你的重新選擇，能讓自己更加健康長壽；加上科學已證實，蔬食只要攝取均衡，是100%能夠達到營養均衡的，除非挑食或自己攝取營養不均，這種就屬於例外，要如何吃，其實在《楞伽經》裡，釋迦牟尼佛詳細解說了食肉的各種過惡和不食肉的各種功德。

仔細想想今年四月初上海搶食的畫面，還有非洲或全世界其他地方，每天有多少人，眞的只求一餐溫飽，你知道嗎？你有經歷過這樣的處境嗎？若體驗兩個月的蔬食生活，能幫助到這幾億的人口，幫他們暫緩糧食危機，你能不爲了口腹之欲，願意嘗試看看嗎？

有些素料做得跟眞的肉的味道很像，恰巧有些剛從葷轉素的人，滿喜歡吃這些素料的，但過了這段過渡期，天然食物會是較佳的選擇；大多人吃素幾個月後，立刻明顯感受到身體變輕盈或排泄物不再沾黏馬桶、不再便祕，拉肚子大幅減少，這三項其實問題很大，因爲一般人滿多有這樣的困擾，只是這基本的三項，也滿多人沒很重視；很多人都聽過，人生其實吃得下，睡得好，拉得出來，算是生活的三大基本需求，爲了地球環保、爲了自己後代子孫，爲了自己的健康，葷食者可以先從鍋邊素開始，同時又能有更好的生活、更好的氣場，遠離拉肚子和便祕，停止增加隱形負債，這樣有比原先的生活好吧？你如果還在找尋或已經在使用治療便祕、拉肚子的方法，或是現在有透過服用酵素之類的方式來對抗便祕，其實你看到這邊，就應該要了解，選擇更好的飲食習慣遠勝於治療！其實就是因爲吃了難消化、有動物性蛋白、生長激素、重金屬的屍毒，導致腸胃不舒服，病因就是這樣子而已，不用想得太複雜。

看看失眠或沒食慾的人，再看看剛才提到的三大基本需求，人生苦短，若人生路上達不到這三項基本需求，非常的麻煩，還要花費時間金錢去改善，應該把時間金錢花在更有意義的事物上吧？有位朋友說的很貼切，不吃葷食不是爲了環保或其他理由，是爲了自己！雖然瞭解過很多人吃素的原因，但我也贊同他的說法，因爲很多人不會爲了地球環境而去改變，所以他們很難理解願意改變的人的想法，但就更高維度或客觀的看待，就像我前面整理出來的這些科學論述和業力討報，不想要年老得那麼多病，自己又選擇平日累積屍毒在身體；不想要生活那麼艱難，但自己又不提高自己認知，且持續在做讓自己扣分的行爲，其實這都是自己的選擇啊！怨不得任何人。

看到這邊的朋友，可以開始計畫要如何落實上述五種方法了，這五項裡，我並不是照它的效果來排序的，如果說硬要排名的話，個人淺見是，每一項都非常重要，唸經的效果應該是這裡面當中，加分加比較少的，因爲懂因果的人，有時可能也會因某件事而發怒、難過，更何況不懂因果的人？

發大愿並去實行和幫上天辦事都能加很多分，修行和避開葷食則是讓自己避開了扣分的行爲，這些基本的掌握好，已足以讓你進入人生勝利組了；只是年輕人即使眞正了解了人生的本質和隱形負債，也不見得會去唸經，方法很多，若要短時間見效，就要全部去實行或選擇加分較多的項目；就更高維度的看法，避開葷食僅是人生該做的其中一項，只是因爲目前世人並不知道吃葷帶來的疾病和討報，知道的人，

有的也只是降低吃葷的頻率，對這件事的認知還普遍不清楚。

二〇一七去大阪市長盃當裁判時，大會提供的飯店就在比賽地點「靭公園」旁，前一天抵達時，在街上走了很久，找不到五辛素或蛋奶素的餐廳，最後只好去吉野家，點了個主餐去掉肉的餐點。

當時該賽事所有工作人員都吃葷食，下圖是大會幫我準備的午餐，那一週的午餐都差不多是三個飯糰加一碗沙拉，負面思考的話，會想說都吃一樣的，且不是熱食，正面思考的話，則是感恩，在蔬食料理不好找的國家，當週有好幾天下雨，都移去車程相距一小時的兵庫縣 Bourbon Beans Dome 比賽（三木総合防災公園旁的圓形室內球場），工作人員還特地幫我去購買這一餐，我平常還眞的不會去買便利超商的餐點，實在太感謝了。

遠離葷食是現在流行未來趨勢，關聖帝君的訓文也

有提到，未來只留吃素的人；曾有一位來諮詢的客戶，聊到他家人的命盤時，排出來後，命盤裡有滿多「財」，他說仙佛有跟他家人說要做素食，以後會賺很多錢，但現況是他家人在做葷食，且沒有賺較多的錢；不是每個人都有機緣，能得到更高維度的渡化或指點，給你一個更好的選擇，要不要走是看自己，實際上只要全都做了不扣分的決定，也意謂著結果有很高的機率是好的。

當你慢慢了解眞相並要去執行時，家人、朋友可能會質疑、反對，但重點是你一定要了解事情背後眞相，做出對的選擇，接下來有恆心、毅力去實踐眞理，並圓融處事，不要跟不了解眞相的人爭辯，因爲《道德經》第八十一章裡也有提到「善者不辯，辯者不善」，眞理沒必要去爭辯，爭論不休也未必能辯論出眞理，一切眞理只有眞正用心去實行，才能眞正領悟，若一位小朋友要跟你爭辯2＋3不等於5，我會跟他說明，若他還是堅持己見或不斷提出反對問題，並跟你說，很多人也都說2＋3不等於5，你要跟他爭辯嗎？

古代改變命運十五大方法

一命二運三風水四積陰德五讀書
六名七相八敬神九交貴人十養身
十一擇業與擇偶十二趨吉及避凶
十三逢苦要無怨十四不固執善惡
十五榮光因緣來

一、命

命就是命理，現今坊間太多門派，五行（木火土金水）的關係是相生又相剋，正因如此，所以有改變的方法！若也懂得調和＋通關，如同齒輪上了潤滑油；本書的重點在於讓人變好，而非鑽研任何學術，眞的懂的人，會了解「理術合一」和實際運用，懂了學術，行爲也依循道理，遇到較不好的年、月、日，他們也不會過得太差；有些懂的人，沒把它活用，所以目前還沒有突破性的發展；只明白道理，不清楚這些古人流傳下來的智慧、學術，遇到不好的年、月、日，除非做了很多善事，不然往往會遇到波折；反之，有些人鑽研這些學術，但不是很明理，依然執著、吃葷、造口業等等，能改變的命運有限；也因爲以前很多人花了幾十萬，上百萬來學習這套學術，一般人的心態會想要回本或賺錢，所以他們再去授課的費用自然不低，但現在時代變化很快，網路資訊發達，早就有些有興趣的人，利用網路上提供的免費資訊，學了很多命理相關的學術；八字並非算命，古人留傳千年下來的智慧是依理爲據，爲何它會被古人排在改變命運的第一項，你有想過這個問題嗎？

八字跟錢一樣，都只是工具而已，八字是簡單的排列組合，也是準確率很高的統計學，它是相對論，而非絕對論，有些小老闆會用這套工具來面試員工，因爲有生日，萬年曆一翻，就能立刻知道對方這幾年走什麼流年、知道他的個性等等，再用履歷上的工作經歷聊一下，很快可以決定此人適不適用；也愈來愈多人懂得運用，會選對自己較好的日子來談生意、業務；我一開始學了也不太會運用，印證了一、兩年後才較懂得運用，的確這能讓自己少走很多冤枉路！了解這些，可當成天氣預報，也可以適時的幫助迷惘的朋友。

曾有人說台灣的算命師，很多在晚年小病不斷？若學習八字的初發心，是誠心助人，並輔助、教導他人做功德的方法，對方因爲做了善事，累積功德，隱形負債（業力）減少，自然雙方都會過得較好！這裡只簡單基本介紹並提出命盤的四大凶相，也就是趨吉避凶的避凶。

此爲今年立春 **2/4** 交節氣的命盤，看得懂這張盤和水火既濟卦，也能了解今年國運。

八字是由四個天干（壬壬戊甲）＋四個地支（寅寅子寅）組成，進而推論出上面三個十神（偏財、偏財、七殺）和下面地支藏干。

十天干：

甲（大木、大樹）：

正直，代表人物：張學友、李小龍、林志玲。

乙（小木、藤蔓）：

腦筋轉得快，代表人物：周杰倫、林依晨。

丙（大火、太陽）：

陽光，代表人物：梁詠琪。

丁（小火、燭火）：

洞察力高，代表人物：吳宗憲。

戊（大土、大地）：

誠信，代表人物：木村拓哉、鄧紫棋。

己（小土、黏土）：

吸收力快，代表人物：川普、歐巴馬。

庚（大金、斧頭）：

講義氣，代表人物：李嘉誠、安室奈美惠。

辛（小金、黃金珠寶）：

有氣質，代表人物：蔡依林、侯佩岑。

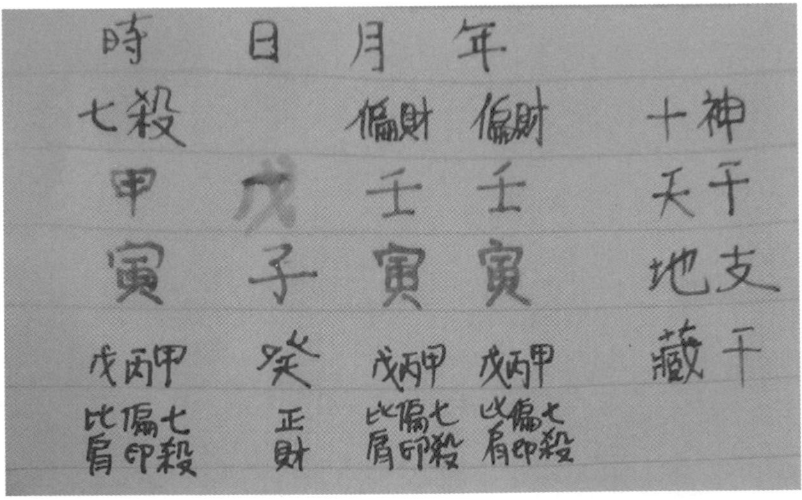

	年	月	日	時
十神	偏財	偏財		七殺
天干	壬	壬	戊	甲
地支	寅	寅	子	寅
藏干	戊丙甲	戊丙甲	癸	戊丙甲
	比肩 偏印 七殺	比肩 偏印 七殺	正財	比肩 偏印 七殺

壬（大水、海洋）：
納百川，包容力強，代表人物：比爾蓋茲。
癸（小水、雨滴）：
聰明，代表人物：天才軍師諸葛孔明、劉德華。

十二地支：
子（鼠）：機智。
丑（牛）：任勞任怨。
寅（虎）：領導力。
卯（兔）：愛乾淨。
辰（龍）：獨力性強。
巳（蛇）：口才佳。
午（馬）：一馬當先。
未（羊）：孝順。
申（猴）：模仿力佳。
酉（雞）：熱心。

戌（狗）：忠實。
亥（豬）：扮豬吃老虎。

十神
比肩：不服輸。
劫財：人人好。
食神：美食主義。
傷官：才華洋溢。
偏財：喜歡賺大筆錢財，和偏財運無關。
正財：喜歡穩定收入。
偏官：名聲地位，執行力。
正官：名聲地位，考運好。
偏印：一半貴人一半小人，創造力佳。
正印：正貴人，合群。

上述的「十神」裡面，有一項同音，也叫「食神」，印證著身邊的人被它影響深遠，所以這裡只以「食神」來舉例！

命盤裡有食神的人，就像字面上的意思，會比較重視美食，很可能爲了吃一餐好料的，開車去外縣市的店家；有食神的人，通常也都長得白白淨淨，印證久了就滿好辨認的；就像封面所提的：「認知領域=你賺得到的財富」，了解或會運用食神的人，會運用食神學習力佳的特性，讓自己的知識變現（若只學學校所教的知識，通常變現率較低，往往不容易換到大筆財富）；不論自己命盤有沒有食神，每個人在十年裡會有一年是走食神的流年，也都會受到食神的影響！食神也代表樂天、慵懶，如果一個人不自律，遇到食神，眞的容易很「樂天」，處理事情有時無關緊要，眞的要火燒屁股，沒辦法了才會清醒，大家身邊應該有這樣的人存在，有時你可能被他氣得要死或替他著急，但他們似乎不痛不癢；有時他們下班回到家，吃完晚餐後看個電視或滑個手機，可能眞正的口渴或尿急，才肯離開坐位，想睡時，發現已經超過凌晨12點了，有的會不會因此就沒洗澡了？

看完此書，請你要了解這是有食神的人的天性，沒人跟他們說明這些原理，或者他們沒有受傷太多次、太嚴重的話，他們通常還是很安逸的過活，月薪兩萬七（不到一千美金），夠花就ok了，不要要求我還要去兼職什麼的；有食神的人因爲喜愛美食，比較會去料理、享用葷食；而自律原本就很違反人性，所以眞的要用同理心去體會命盤有食神和流年走到食神的人，雖說他們自己必須覺醒，但不必太苛責他們，一樣要一視同仁。

另外食神被流年剋或合掉，會讓表達力降低，讓此人較不愛講話；有食神的人遇到了偏印的年、月、日，容易犯小人，背後被陷害；因爲以前也有朋友說他習慣被陷害了，所以治療這些的根本，是要變得積極並找到可以讓自己努力的目標，把食神會讓自己造成的不好習慣改掉，調整回正常的中間值，如此也能造就不平凡的未來！不知看完這段，你有沒有看出懂得運用和不會運用的天壤之別了？

命盤四大凶相

一、天剋地衝：當你在可查詢八字的 app 輸入自己的出生年月日（子時分爲晚子 23～0 點和早子 0～1 點，此 app 遇到子時，可能會排錯），出現的八字裡，有某 2 柱的天干相剋，地支相衝時，稱爲天剋地衝；所謂「天剋地衝，徒勞無功」，如果衝到最右邊的年柱，它所帶來的現象是容易跟長輩、父母意見不合，上司緣較差，難以升遷，易搬家（因爲衝到根）；衝到第 2 柱的月柱，會讓自己較不穩定，或者跟家中兄弟姊妹、平輩朋友意見不合；衝到第 3 柱的日主（配偶宮），讓你跟另一半容易意見不合、易更換另一半，也要留意自己的身體健康；衝到第 4 柱的事業柱，讓你工作常常替別人打江山，結果因爲壓倒最後一根稻草，你因而離職；第 4 柱也代表下屬和子息，也會讓你跟晚輩、小孩不好溝通；天剋地衝的年月日不好熬，一旦印證你就知道其衝擊力！建議一定要使用書中開頭的五大方法來讓大事化小，小事化無。

二、傷官見官：

1.自己本身命盤就有傷官和正官。

2.自己的命盤沒有傷官，有正官時，十年會有一年遇到傷官年，十個月會有一個月遇到傷官月，十天會有一天遇到傷官日，兩者相遇即爲傷官見官。

3.反過來，若自己命盤有傷官，沒有正官時，遇到正官的年、月、日。

4.自己命盤沒有正官&傷官，但是在正官年時，遇到了傷官月或傷官日；在正官月時，遇到了傷官年或傷官日；在正官日時，遇到傷官年或傷官月；或者一樣自己命盤沒有正官&傷官，在傷官年、月、日遇到正官。

「傷官見官，爲禍百端」，所帶來的現象是很容易被誤會、揹黑鍋，還有一卡車的鎖事等著你處理；解決方法是低調，避開被誤會，即使被誤會，因爲已經事先知道可能會被誤會，所以也要很快的放下，不去計較、計仇。

三、梟印奪食：自己的命盤有食神，遇到了偏印的年、月、日，或者命盤有偏印，遇到了食神的年、月、日，亦或命盤沒有食神、偏印，但在食神年裡，遇到了偏印月或偏印日(偏印年裡，遇到了食神月或食神日也是)；它所帶來的現象是犯小人、車禍、遇到此衰事；還記得剛提到「食神」的特性嗎?很多人不喜歡食神的「慵懶、樂天、不要緊」的態度，你仔細想想，一位即使命盤有食神和偏印的人，他表現出色，把食神、偏印的缺點都改掉，並且樂善好施，偶爾都會跟同事分享美食，請喝飲料，那你覺得他跟沒把食神、偏印缺點改掉的人比起來，他還會一樣容易犯小人嗎？其實你明白了它的底層邏輯，這些凶象大多是人爲可以避開的，它的原理是前功不能來抵後過，之前的行善不能來抵銷後面犯的錯，但後功可以來抵前過，之後的行善可以來抵銷前面犯的錯，也就是懂得把每一項的缺點都改掉，讓自己平衡並多行善，是避開這些凶相的根本！

四、伏吟：字面上的意思是躺著伸吟，引申爲太歲把你的眼睛矇起來，讓你容易做出錯誤的決定，所以解決方法是三思而後行，或者跟長輩、益友討論；命書曰：「反吟伏吟，哭泣淋淋」，例如剛才圖片的八字中有一柱是甲寅，逢甲寅年的話，一整年都會伏吟；逢甲寅月，一整月伏吟；逢甲寅日，一整天伏吟；像上圖有兩組壬寅，這樣也算是伏吟。

除了上面四項之外，被奪財、被合財、遇衝局、害局、天合地合也得留意！所謂正財被奪或被合掉，這裡的合掉是指蓋住、拿掉，它所帶來的現象是噴錢，對男生而言，正財也代表另一半，有另一半的話，另一半被合掉，代表另一半可能被追走或因某些事件而分開，不是被合正財就會分手，是代表很可能會有相關事件發生；但不需爲此事擔憂，你和另一半要做好的是互相尊重、包容，雙方從頭到尾都和樂融融，不出軌，即使遇到流年來沖、來害配偶宮，依然能情比金堅。

本身的命盤沒有這四大凶象，每個人也都會在不同的年、月、日，遇到這四大凶象，所以才說沒有最好或最壞的命盤，每個人都會輪到好或較不好的流年、流月、流日，上面的凶象皆可以用本書所提到的方法＆調整心性、改掉缺點，來降低傷害；客觀的看待八字，懂運用的人，知道要學習十天干、十二地支（十二生肖）、十神，加起來共32層面的優點，進階者可參考上述，避開較不好的年月日，高階者的話，大多不被八字給侷限，遇到較不好的年月日，能把傷害降低，且拿他的八字去問其他懂八字的人，所論述的特質個性，會是此人以前的特質個性，原因在於除了學上述32項優點，也要把自己的缺點改掉，並避開這32項所代表的缺點；用八字來印證周遭或電視上的人，能更加警惕自己，用它來印證過去發生的事，大多能解開謎底，了解爲何會發生。

所以要懂得放下，用它來對照未來每年、每月、每日，像是有了一小部分的預知能力，要讓好事一樣發生在每一天，遇到較該注意的年月日，用正念、善行來面對；曾經也有了解的朋友，該月他被流月合掉內心（易悶悶不樂），他說他超有感受的，我也跟他分享了我自己的方法，可以告訴自己不要去想這件事，並且用結尾提到霍金斯研究的能量圖表，讓自己保持在高能量（樂觀、和平、眞誠、友善……），學了能活用，把它生活化，並實踐所知的「減少隱形負債」方法，方能眞正掌握自己命運。

二、運

「十年一運，好壞照輪」（台語），一個大運是十年，每個人的輪法不同，輪到好的，加上選到時下最賺錢的行業，像是在風口上的豬都能飛；若A輪到不好的大運，A跟你同樣在經營時下最好的產業，公司規模、人數差不多，但結果往往是你賺得較多，可見大運好壞還是有影響；該如何守成或把損失降到最低，也是一門學問！運用進可攻，退可守的原理，遇到好的大運，可以積極進取，遇到較不好的大運，可以保守些，但也不是只守成而已；每個人這十年的大運走完，會輪到下一個大運。

有兩派的說法，一派說十年大運大於流年，一派說流年大於一切，兩派都沒對錯，懂得同時看大運和流年的人，應該能給出較客觀的意見，相信有的人會覺得十年大運對自己影響較大，也會有人覺流年影響較大，只看其中一種而否絕另一種，則有失偏頗；另外也有數字易經，能藉由身分證，排出每五年一輪的流年，有一定的準確性，所以這跟待會後面提到的姓名學一樣，坊間很多門派，基本的論述大同小易，各有千秋，但因為派別不同，很多地方的論述也不同，沒有絕對誰較好誰較厲害，會去那個地方學習或尋問，也都是因緣。

十年前我曾多次跟新來的背包客一同去西澳的賭場吃 buffet，他們第一次辦會員卡都會有免費的十元籌碼，裡面唯有一位香港女生，連續下注兩次 money wheel（有幾種賠率，莊家轉到數字多少就賠幾倍，最高是 47 倍，但很少會停在這格），她下了 11 倍和 5 倍，兩次都中，是極少數能把十塊翻十倍以上的背包客，像這種算是第六感、直覺、運氣較好；而眞正運氣好，則是做了很多善事，累積了很多福報的人，很多好事自然都會在他身上發生，而這也跟吸引力法則有關係，這跟大家所知道的「花若盛開，蝴蝶自來，人若精彩，天自安排」，是同個道理，保持正念、善愿，自然容易吸引好的人事物，相對的運氣也較好，簡單的說，想要一直保持好運，可以不斷的行善、當別人的貴人、不要跟眾生結惡緣，但這跟偏財運、賭博的運氣無關，這點我早已幫各位實驗過了，並非多做善事能讓偏財運或賭博運增加！

天運的話，目前天運是走到第八運，一運爲二十年，即將在後年的西元二〇二四年進入第九運，第九運屬火，所以屬火的行業（網路）會盛興。

馬來西來的拿督鄭博見（知名國際玄商導師）也提到，要留意小心今年的八月七日～九月六日（實際上是到九月七日）；這段期間是戊申月，戊申和今年流年壬寅是天剋地衝（戊土剋壬水，寅申相衝），再加上該月也是五黃入中宮（下一篇會說明），也代表中國很可能有大事件會發生，但這些都並非 100% 會發生，因爲只要非常有影響力的人，把停止扣分和許多行善方法傳授給世人，且一半以上的人都有在實踐，極可能改變原先會發生的事，有大事化小，小事化無的概念。

三、風水

「門千金，厝四兩」（台語），很多人都聽過這句諺語，但眞正了解其中涵意的卻不多，它的意思是：門的座向值千金，相當重要，所以才說門向値千金，厝（房子）値四兩；門向若是有走運的方位，較容易事半功倍！很多人都聽過，「座東向西，賺錢嘸人知」（台語），它指的是上一運（第七運），自家大門若是朝西，容易賺錢嘸人知，所以在這個年代，住進有走運的房屋，可以說你家不用造運，基本的陽宅風水也有六十分以上，若再搭配造局或常幫助別人，要有更好的生活並不難！當然坊間風水也有相當多的論述，個人淺見是了解基礎的風水，知道怎麼避開風水和命盤凶象會較實際，因爲有些人買了些產品或家裡有布局，但卻覺得並未有預期的效果，這根本的原因在於自己沒改掉缺點和不好的思維，也沒大力去行善，同時可能還在做很多讓自己扣分的事。

不用花太多時間金錢去鑽研這些學術，因爲人生短暫，想著怎麼利益眾生，會讓你的生命更有價值！了解基礎的學術，讓自己更好，已經是這幾年盛行的風氣了，自己好但家庭、社會、國家不好，並不算眞的好；現代人大多也懂一些簡單的風水造局，網路上都查得到，所以不再論述造局，只提一點最基本的，就是家中的財位要保持整潔，不宜髒亂。

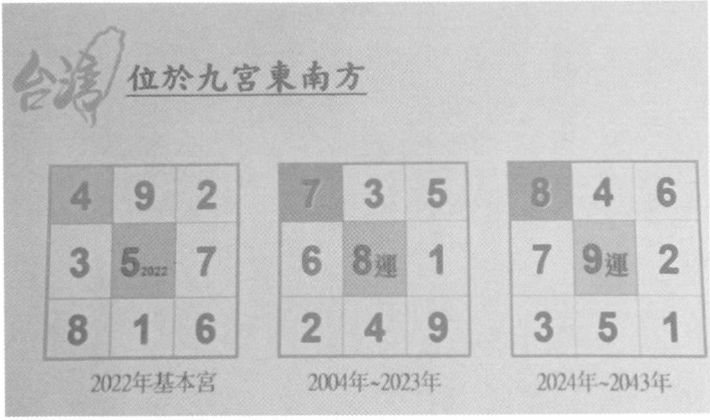

陽宅的東南方是上圖左的4、中間的7、右邊的8，
東西、南北是顛倒的。

「五黃到位，驚過見鬼」，意思是五黃輪到的位置，比看到鬼還恐怖！每年五黃都會輪到九宮不同位置，今年二〇二二，五黃入中宮，如上圖最左邊，五黃來到了中間，若論述世界地圖，相對位置也就是中國；上圖中間是二〇〇四到二〇二三第八運，8入中宮，簡單來說，1、6、8都是財星，都是好的，所以這二十年中國發展崛起；九宮中，五黃和二黑（病符方）是必須要較留意的，懂陽宅的人，且有在投資的話，例如五黃該年或該月輪到的區域，他們通常會避開該區域；相對的二〇〇四到二〇二三，五黃來到西南方，位於中國西南方的印尼，二〇〇四年立刻發生了南亞大海嘯，死了四十幾萬人，當時功夫皇帝李連杰，帶著女兒躲過大浪，他當晚不斷反思生命的脆弱，也說：「當時的我覺得，我什麼都放下了。」之後他花更多時間投入公益，二〇〇八年也再度登上《時代雜誌》。這20年，西南的雲南、巴基斯坦、尼泊爾、印度也都有大地震發生。

今年五黃入中宮，也代表每個人家裡的中間最好不要動土，釘一根釘子也算動土，若一定要裝潢整修的話，用銅鈴來破五黃的土煞是其中之一的方法（因爲金能洩土）；同時也要檢視自家的方位，看一下自己住的地方的座向，是座那個方位，朝那個方位，進而判斷自家是屬於八宅的哪一宅（乾兌離震巽坎艮坤），例如座北朝南是坎宅，網路上都查得到，再查看自家今年的五黃、二黑落在那個位置，除了盡量避開五黃方，若二黑落在了自己的寢室，也要想辦法避開，因爲睡在二黑病符方，容易生病。

有些人會想要找龍穴，但龍穴有限，且有德者居之，才不會有什麼問題，但一般人做這種往外求的動作時，似乎比較不會考慮到這個問題，例如有人問擇日，想了解某一段時期，那幾天是不是較適合結婚的日子，有老師跟他簡單說明，並建議要辦素桌，不然擇日其實意義不大，因爲此人的喜慶，也成爲動物們的忌日，且通常父母也要跟著分擔這些殺業，眞的不好還，並造成自己未來的不順，即便挑了好日子，也變成有德不配位的概念，了解此事眞相的人都知道，這樣意義不大，這也像福報不夠的人，去住了風水較好的屋子，他們待不住，很可能隔了一陣子就會因爲一些事件而搬出來，也印證了「福地福人居，不是福人難久居」。

現代也有造龍穴，打造高能量場的方法，即使是鬼屋，也能將所有陰邪化無，雖然有門檻，但去實行的人有逐年增加的趨勢，網路上有個富翁去機場接風水師來看風水的故事，風水師到達富翁家後，後院有一群飛起來的小鳥，富翁說：「肯定是有小孩子在偷摘蘋果，驚擾到小鳥，如果我們現在進去，會讓小孩子們驚慌，萬一有人從蘋果樹上摔下來就麻煩了，我們還是在這邊等一下，等他們摘完了，我們再進去。」風水師回答：「這裡的風水不用看了，你住的地方、有你的地方，就是風水寶地，所以不用看風水。」有德之人，基本上風水、八字這些就只是參考，因爲他們能憑借著德行、愛心、布施，來讓大事化小，小事化無，所以眞的可以不用糾結曾經有人說你名字不好、八字不好，家裡風水不好之類的，此刻你能理解這些原理，加上書中融合了很多變好的方法，你能一一把這些化爲己有，爲己所用，基本上就能過得比一般人好很多了！況且你想想，世上的富豪、企業家很多重視風水沒錯，但他們有每位都重視八字、大運這些嗎？那爲何他們能成爲頂尖人物呢？除了他們累世或上一世做了很多善事之外，很多在這一世也累積了不少功德，你有了解其中的道理了嗎？

現在資訊太透明了，要學什麼，很多網路上都有教，就怕你不去學而已；剛才富翁看風水的故事，網路上有，爲了篇幅我把它精簡了，想瞭解整個詳細故事的話，上網找得到。

四、積陰德

名著《資治通鑑》的作者，北宋名臣司馬光的家訓提到：「積金以遺子孫，子孫未必能守；積書以遺子孫，子孫未必能讀；不如積陰德於冥冥之中，以為子孫百年長久之計。」沒錯，這是非常正確的觀念！留錢留書給子孫，子孫未必能善用，留德給子孫，朋友、鄰居也很容易成為子孫的貴人；其實古人的智慧相當高，很多諺語、名言都透露出許多做人處事的道理，是大家可以效法遵從的！為何說「富不過三代」？懂得守成＋布施，要富好幾代不難；若能養成日行一善的習慣，或者腦中有植入同理心、人溺己溺、人饑己饑的觀念，自然你就會主動的幫助他人。

所謂施比受更有福，曾有朋友提過，若是大家都不肯接受布施，你有機會布施嗎？這眞的是一般人不會想到的問題！掌心向下會比向上的心靈還富足，現代公益家較知名的，是上過《時代雜誌》的愛心賣菜阿嬤陳樹菊和公益天使沈芯菱，當我聽到沈芯菱的故事時，實在非常汗顏，她只有30歲初頭，但是已捐了近千萬，被寫入一些教科書中，有次她做公益是全數捐出，所以我也相當佩服她的善心；有一定格局和視野的人也了解，「眞布施不怕假和尚」，所以要向他們學習，眞心為善助人，為善不欲人知，這也算是留德給父母、子女的好方法！

有陰德，當然也有陽德，大家可能比較不知道陽德的定義，積陰德是默默行善，行善不欲人知，陽德正好相反，像是公開做公益或做了一件善事，主動告知朋友、同事，所以陽德很可能會讓你名聲上揚、受獎勵、受稱讚，所以陽德的福報很快就用掉了，基於此原理，要多積陽德還是陰德？古人已給出了明顯的答案！

地藏王菩薩說過：「我們的祖先如果在世做得比較不好，有的可能還在地獄受刑，等陽世子孫的功德。」所以除了做好在陽世的孝道，也要多積陰德，讓自己的祖先減輕負擔，此乃盡大孝的方法之一!! 沒有祖先，不會有父母，也不會有你，不是嗎？

此外還有一個多數人不知的要訣，有些人做善事是有目的性或有所求的，如此一來，初發心變了，雖然一樣積德、有福報，但你仔細想想，一定會發現我做了那麼多善事，怎麼得到的回報沒想像的多？因爲有所求的話，並非眞正的利他，當你有同理心、能換位思考、不分你我、不求回報的去分享、幫助他人時，得到的回饋有時是超出預期的。

五、讀書

十幾年前就有報導指出，大學畢業生從事的工作，有一半以上都跟自己學習的本科系不相干；換言之，若是所學能與工作結合，不就更得心應手？然而興趣往往不能跟工作結合，在這幾年，斜槓的情形愈來愈多，下班後還兼個外送、網拍，在通膨快速的現代，的確也導致了滿多人的生活壓力！很多企業家或成功人士，學歷不一定很高，所以也讓很多人會覺得，有一技之長較重要，這的確是見人見智；如果你擁有的專業知識，能讓你未來有穩定收入或比一般人更高的收入，你願意學習嗎？在不同的時代，能結合當下趨勢，能較容易把知識轉換成錢，有些富豪也是頭腦動得快，較有遠見，所以能賺到時機財；另外針對有在修行的人，古人說的讀書是要讀聖賢書，讀四書五經。

網路上有「知識」不能改變命運的說法，仔細去探討，財商之類的知識或本書提及的知識（有獨特性，並非眾人所知的知識），或是有時簡單的一、兩句話，能讓很多人改變命運，而學校所教的知識是大部分人都知道的，像這樣的知識，能讓人改變的較有限；結尾有提到其他方法，其中很多影片或暢銷書都有提到，富人幾乎都有閱讀的習慣！也代表獨特性知識的變現率較高，若你所學的是較冷門的科目，較不實用的知識和大家都知道的知識，是較難讓你變現的；若能掌握信息差、擁有較高的智慧，會讓你活得更輕鬆自在，不被現今局勢所迷。

曾有人說這些訓文是假的，雖然要證明眞僞的方式很多，但這裡只提兩項讓各位思考：

1. 若你有遇過被壓陰山的冤欠借竅，且經過你身邊，你能感受得到寒氣，且在冤欠借竅之後開始下雨，退竅之後，頃刻之間雨就停了，要做何解釋？

2. 不相信的人，都無法寫出類似的訓文，怎麼評論更高維度的智慧是假的？朋友問說給你幾天準備，把一篇訓文背下來，幾天後再默背出來，我心想我沒那麼厲害；就結果而言，幫上天辦事的人，大多人生都是不斷變更好，有些是原本刺青或做八大的兄弟，後來都洗心革面，不再抽菸、吃檳榔、喝酒、吃葷、罵髒話，讓他們的家人好友都很驚訝和安慰，所以萬一訓文是假的，這整體結果卻是好的！

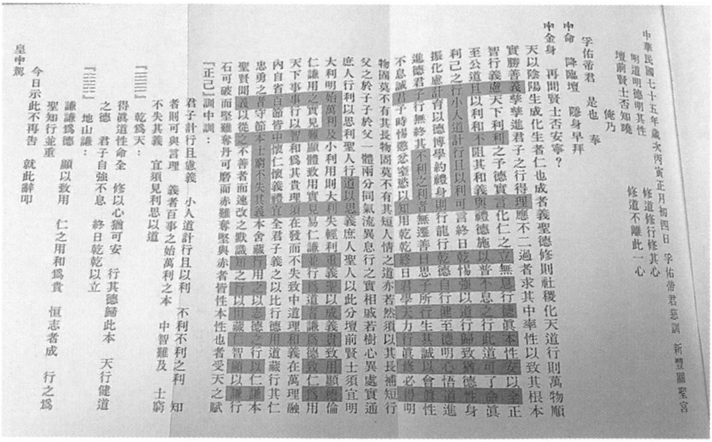
中華民國七十五年歲次丙寅正月初四日 孚佑帝君慈訓 新豐鸞聖宮
明道明德明其性 修道修行修其心
壇前賢士否知曉 修道不離此一心
俺乃
孚佑帝君 是也 奉
中命 降臨壇 隱身早拜
中金身 再問賢士否安寧？
天以陰陽生成化生者仁也成者義聖德修則社稷化天道行則萬物順
實勝善義孳孳進君子之行得理應不二過者求其中率性以致其根本
智行義處天下利之予德實言化仁之立無息行德眞本性安以至正
至公道且以利和不阻其和義與禮德施以普不息之行此道可了命眞
利己之行小人道計行且以利可言終日乾惕強以道行歸致德性身
振化處計育以德博學約禮身則行龍行乾德自行健至德明心悟道進
進德君子行無終其不利之利者無遷善日思子所行生其誠以會眞性
不息誠君子時惕懲忿窒慾以知用乾乾終日君學大力行眞修必得明
物固莫不有其長物固莫不有其短人情之道亦若然須以其長補短行
父之於子子於父一體兩分同氣流異息行之實相戚若樹心異處實通
庶人行利以思利聖人行道以思義庶人聖人以此分壇前賢士須宜明
大利明始萬利及小利用則大利失輕利重義聖以成義貴致用顯德倫
仁謙用之實見顯體致用實見易仁謙並行爲道者謙爲德致仁爲用
天下事事行以智和爲其貴理須在發而不失致中道理和義在萬理融
內自省日節皆中懷仁懷義禮宜全君子義之以比行德用道藏行其仁
忠勇之者守節本士窮不失其義本舍藏行用之以志德之行以仁謙本
聖賢聞義以從之不善者而速改之歟識知之行以但藏仁智顯以謙行
石可破而堅難奪丹可磨而赤難奪堅與赤者皆性本性也者受天之賦
『正己』訓中訓：
君子計行且慮義 小人道計行且以利 不利不利之利 知
者則可與言理 義者百事之始萬利之本 中智難及 士窮
不失其義 宜須見利思以道
『䷀』 乾爲天：
得眞道性命全 修以心猶可安 行其德歸此本 天行健道
之德 君子自強不息 終日乾乾以立
『䷎』 地山謙：
謙謙爲德 顯以致用 仁之用和爲貴 恒志者成 行之爲
聖知行並重
今日示此不再告 就此辭叩
皇中鸞

孚佑帝君是八仙裡的呂洞賓大仙，圖為呂大仙批的訓文，且含有正己、乾卦、謙卦的含意，足見聖賢仙佛智慧！

更何況我學64卦的老師就有遇過業力討報，身邊共同朋友也都知道此事；有些事只是你沒經歷過，就是知道和不知道的差別而已，若有發生在自己或親朋好友身上，就無此爭議；不過一般人不用擔心會遇到現場冤欠討報的問題，因爲會遇到是代表他因緣好，他有機會藉由調解來平息此事，像《整頓世局》一書所說，因果之討報：「冤魂在地府申控，經冥府調查屬實，則發給討報令，准許冤魂依附在造冤者身上，或跟隨在身邊伺機追討，使造業者身體、事業、家庭、婚姻、運途……等不順遂，一報還一報。」所以一般人通常不會遇到明的來直接討報，只會遇到暗的，祂會依附在身上或跟在身邊討報。

整頓世局是高雄仁武鄉西慈宮在二〇〇九年所重，目的是喚醒人心，速速改邪歸正，棄惡向善，修身養性，裡面也提到，現值千年因果大清算，要重新洗牌，理天、氣天眾神也組成「治世小組」，裡面包含了大家所知的台灣眾神明、孔明眞人、南天門悟空大聖、魏徵仙翁、蕭何仙翁、張子房仙翁（張良）、劉伯溫仙翁等等……。

六、名

指的是名氣、名聲、名譽、名字，其中名字是伴隨每個人一輩子的一個稱謂，有好的名字固然重要，坊間有很多姓名學的門派，也有人提出，名字要綜合各派所長，才能獲得最大的認可，多數人也覺得名字要響亮、好記；《易經》取其音、取其義、取其形、取其象，有這個音義或形象，就有這個意思存在，以前網路上也有放上很多諧音好笑的名字，例如有跟「豬一群」、「游泳池」同音的名字，這些名字雖然好記，會讓朋友、同事對此人很有印象，但本人會有常被開玩笑的困擾。

我身邊有一些高人，他們有跟我說過缺什麼就補什麼的概念，例如五行缺水的人，取名可以選有水字旁的，因為門派多，難免會有一些人覺得這個名字可以，有人覺得用九宮姓名學或生肖姓名學可以更好；其實小時候父母覺得可以，長大後，本人也覺得可以就好了，不是嗎？數據也統計出有一些人改了兩、三次名字，也有人改完名後，之後又再改回原本的名字，增加戶政事務人員的麻煩；也有老闆自己研究姓名學，為自己的公司取名；其實名字只是一個稱號，看完本書，你也會了解到，認知和後天的努力、選擇，懂得布施和遵循宇宙法則等等……，這些會對未來的人生影響較大。

這邊列舉我自己改名的實例：我在二〇一五年從澳洲回台灣後，某次因工作住在外縣市朋友家，當晚去逛某知名觀光夜市，問了位有頭銜地位的老師，最後他建議我要改名，我在回去和父母討論後，恰巧媽媽也想要改名，她提議找當初幫我們家看風水的地理師，接著一起改完名後，之後某次的工作機會，讓我當晚又來到了同樣的知名夜市，我再去尋問了同一位老師，但他似乎對我沒印象，且又再次建議我要改名！聽到這裡，不知各位有沒有同樣的想法？A與B不同門派，若不是用自己所學的方式改名，都還有毛病可挑；我當年改了個老師說比較好的名字，但因爲該年不努力，所以也沒賺比較多；就像朋友舉例的，此人若改名爲郭台銘或張忠謀，就能有像他們一樣的成就了嗎？一位改了好名字，不努力、常怨天尤人，跟另一位名字在姓名學上沒那麼好，但非常積極努力，且做了很多善事的人比起來，請問那一位會過得較好呢？而古人把「名」排在第六位，若有好名字但沒有好的行動，實爲可惜；反之，原本取的名字普通，若加上後天自己努力、行善，結果肯定是好的；還沒積極努力、行善的話，就得趕緊付諸行動了！以上純粹客觀的舉自己的例子，請各位自行判斷。

七、相

指的是面相，面相是會隨著此人的所做所為而改變的，所以才有一句話叫做：「相由心生，相隨心改」；其實只要存好心、說好話、做好事，就能慢慢轉變為一個較好的面相，也能過得愈來愈好！網路上有一句話：「人的偽裝能力再強，也躲不過相術的科學判斷。」可見懂面相的人，對於初次見面或看照片識人，能有初步的評斷，且也有人研究得很透徹，光是看面相，就知道此人目前身上有什麼疾病（因為臉部是五臟六腑的反應區＋內臟的鏡子），若有懂面相的醫師，對他的看診也會相當加分，有興趣多了解的朋友，可以參考《黃帝內經》的「明堂藩蔽圖」。

此外穿耳環、鼻環會破相，所以當我了解這點後，就不再戴耳環了；身體髮膚受之父母，加上破相會減分，我在大二打耳洞之後，運勢的確不如從前，一路往下滑，若還想要打洞的朋友可要再次評估了。

蠻多人喜歡瀏海，但瀏海實際上遮擋了我們的官祿宮，這也是為何滿多人會露額頭或剪平頭，盡量不要遮擋到；也有說常戴眼鏡的人，會壓住眼眼兩旁的夫妻宮，所以也有老師建議戴隱形眼鏡或選擇眼睛兩旁不要太緊的眼鏡。

看手相的話，也有一定的參考價值，也是大部分人較不排斥，願意參考意見，容易拉進彼此距離的方式，除了面相會相由心生，手相也是會隨著每個人的成長而改變，所以多行善，你的面相、手相就能愈變愈好！

八、敬神

此爲最基本、簡單的一項！天地之間有鬼神，有非常多的民間故事或個人經歷都證明世間有鬼神，很多人都會去廟裡拜拜，求平安、賺大錢、希望孩子聽話等等……，但你可能沒想過，如果你求的靈驗了，而且得到的遠超過你原先的期望，請問你會怎麼做？加倍還願還是？

在日本亞馬遜書店，有本暢銷榜書教你怎樣跟神明許願，書中提到，神明也有想拜託人類的事，看來作者也對這塊有研究。

仙佛云：「我們在祈求的時候，有自己先努力過了嗎？」（2022.01.15），很多人都會去廟裡祈求，有拜有保佑，實際上你若功德不夠，是達不成願望的，換言之，功德夠的話，加上運用吸引力法則，不用祈求也容易達成；如果你是神明，每天都需要去四處拯救眾生，試問面對成千上萬的祈願，你該怎麼做？還記得上面有提到，功德也是籌碼嗎？你想達到願望，自己多累積功德，累積籌碼去換，眞的會比較實際，求人不如求己，求神也不如求己，現行的法則就是這樣在運轉的。

在印度有種供奉的方法叫「Puja」，他們很多人在自己的生財工具上放上花圈，佛像前焚香等等，爲何有的人會對自己喜愛的物品或生財工具說說話、鼓勵？其實就像先前提到的能量守恆定論，萬事萬物都有能量，好的能量共振，能帶來更好的結果，Puja 也能說是跟高維度進行連結，所以以後拜拜時，不一定每次都要祈求，要了解拜拜的本質意義，而不是長輩要你拜就跟著拜。

網路上也有一招，是去祈願時，直接感謝神明，達謝神明讓自己的願望已經實現了，聽起來感覺也是運用了吸引力法則裡的第二個步驟，「相信已經擁有」；相較之下，敬神這項是最簡單容易的，實在的去做、去遵行就是了。

仙童云：「拜佛要拜素的，才是對佛尊敬。若你用肉拜仙佛，那仙佛跑掉了，結果，就有喜歡吃肉的進來了。」所以不是信眾不誠心，是沒了解要怎麼拜才是正確的；我曾在宮廟看到一篇訓文，應該是氣天仙所批的，內容是要大家不要再拿葷食來拜了，因爲雞鴨牛的冤魂都來找祂，氣天仙也很困擾！氣天仙也需要功德的！！很多人雖然帶著三牲五果去拜，但實際上「三牲」造成該宮廟氣天仙的困擾，請問這樣有敬神嗎？不是不知道就沒過錯，因爲無心之過也是過！在敬鬼神的同時，對所有人世間一切萬物，其實也都要尊敬，萬靈皆生而平等，唯有尊重所有生命，萬靈也會尊重你，了解不剝奪任何人與動物的生命，才不會造成自己的阻礙。

最後一個小提醒，很多人去宮廟會許願，事後達成的話，你曾經忘了還願嗎？如果剛好有的話，得儘快抽空去許願的宮廟還願喲。

九、交貴人

這點應該也不用多述！你常幫助別人，在你有需要幫忙的時候，自然很容易有人來幫你；我強烈建議要多跟良師益友型的朋友來往！請你仔細想想，扣除跟家人相處的時間，你工作時、下班後常接觸的同事、朋友，他們的收入有沒有比你高很多？他們有沒有富人思維？爲何富人總是與富人往來？新聞也有報導過吸引力法則的實驗，所以如果你凡事容易想到較不好的一面，我眞心的建議，再不可能的事，你眞的也都要往好的方面去想，因爲連自己都覺得不可能了，結果是可能的機率也會大幅的降低；你身邊是貴人多還是小人多呢？沒關係，眞心的對待身邊所有朋友，即使他再討厭你，你若能做到感動他，讓他對你改觀，你才是眞正的贏家，也能順利的把小人轉爲貴人，請問你希望在職場上多一位貴人還是小人呢？很多人怕給別人添麻煩，所以習慣性＋反射性的拒絕別人的好意，其實你這也在跟宇宙發射出「我不需要別人幫助」的一個訊號，哇~這個影響也很大！以後別人來幫忙的機率漸漸降低！了解這點後，若思維立刻轉換，下次朋友發出善意時，視情況，可以的話就接受，同時未來有機會，一定也要給與對方回饋，若能跟朋友都互爲貴人，互相幫忙，這不是很好嗎？

四月時藝人劉畊宏的健身操爆紅，那一陣子很多人做了相關的影片，有些說以前周杰倫怎麼捧他都不紅，實際上這是一個「交貴人」很好的例子，起初周董還不紅的時候，劉畊宏讓他住自己家，並介紹自己周遭朋友給周董認識，後來劉畊宏所屬的咻比嘟華解散，甚至再後來，劉畊宏和老婆在大連投資失敗，周董都給予相當多的援助；簡單的說，就是雙方都在彼此很需要援助的情況伸出了援手，你身邊有多少朋友不會錦上添花，而會雪中送炭？人情冷暖，在此時就高下立判了啊！

有位朋友，他在前幾年被幾位同事排擠，去年，這位朋友聽了一位共同朋友的話，開始投資，他聽話照做，買那支股票，何時賣，因此在去年就賺了比一般人年薪多一些的被動收入；就此事而言，有人會覺得他運氣很好，也有人覺得朋友要他何時買、何時賣都照做，不怕虧錢嗎？要像這位朋友運氣那麼好，有明燈指引，也要平時有在幫助別人、做善事；以下提供三國時期諸葛孔明留給兒子的觀人七法，來提升擇友的進階版：

1. 問之以是非，而觀其志。
2. 窮之以辭辯，而觀其變。
3. 咨之以計謀，而觀其識。
4. 告之以難，而觀其勇。
5. 醉之以酒，而觀其性。

6. 臨之以利，而觀其廉。
7. 期之以事，而觀其信。

某次柯俊雄導演問丁導演：「這女孩是誰，你告訴我怎麼聯絡他？」之後聯絡上張艾嘉並邀她演出《我的爺爺》，讓張艾嘉在一九八一年首次拿到金馬獎最佳女主角；張艾嘉回憶起這段往事，她說因為這一句話，就改變她的一生，她也說她心裡很清楚，人一句好的話，會改變一個人的一生，可是有時候因為人的一句惡言，也可能會毀了人的一生。

自己要先成為別人的貴人，自然別人會來幫你，而不是只顧自己，還怪別人都不幫忙；擇友遇貴人，受益無窮，遇到損友，就如同朋友的朋，是由兩個月組成的，是分開來寫的，得趕快跟他分開；有句台語是說：「跟好的人在一起，沒好多也好少；跟壞的人在一起，沒壞多也歹少。」意思是說你常跟品格較好的朋友相處，沒變得非常好的話，起碼也變得不錯，若常跟品格較差的朋友相處，沒變得非常差的話，也會變得更差；從小就能謹慎交友的話，在出社會後也一定能累積一股非常大的助力！

十、養身

大家也都聽過「現在不養身，以後養醫生」，但年輕人較少會重視身體健康，沒有經歷過大病，往往不會眞正愛惜自己的身體！很多人都是脫離險境後，才立刻改變想法，能放下名利，並了解養身的重要！這個老生常談的理論，古人早就列在名單上來提醒世人了，其實早睡早起、多運動、遠離含有化學的產品、拒吃含有生長激素、重金屬的食物、不抱怨、不暴飲暴食、不生氣、不要長時間使用3C產品，基本上病毒、便祕、拉肚子會離你遠去；雖然養身排在第十位，但家財萬貫有時也換不回健康的身體，眞的不要想說年輕就有本錢，眞的不要倒在病床上才後悔，很多事都在一念之間。

養身方法

1. 外食時，盡量找沒有用回鍋油的店家。
2. 學習瑜珈。
3. 睡醒時全身伸展，再把身體縮著，吐一口氣後再起床。
4. 少喝冰水、飲料，身體需要花費能量轉成溫的再吸收。
5. 減少攝取糖分（一吃下去，多餘的糖會跟膠原蛋白發生糖化反應，讓原本的膠原蛋白不堪用，引發其他正常細胞發的免疫機制，頭髮提早變白、落髮，囤積脂肪，衰老，長痘痘，引發慢性病等等……）；除了糖分，也要減少醣類，因爲醣類會讓人成癮和快速老化；國外有人發起一個月不攝取糖，來觀察身體有什麼改變，發現到了第二週，膽固醇下降8%、血壓也下降、瘦了4.5kg，變得更有精神，到了第三週已經適應，一個月過去，皮膚變好，血糖下降，瘦了近10kg。

6. 每週至少戶外運動一次。

7. 使用天然洗髮精（日本很多不孕，結果發現是洗髮精的問題）。

8. 很多人會把薑片夾掉不吃，實際上薑的價值很高；孔子在論語中說：「不撤姜食，不多食」，意思是每餐有生薑，但也不多吃；薑能祛寒、串氣、調節發炎、抗病毒、改善消化不良等等……每日攝取0.5～1公克的薑，持續三個月～兩年半，未發現任何副作用，要注意的是，生薑不要和韭菜、酒一起吃，不然會內熱、上火。

9. 做穴道導引。

10. 坐著時不要翹腳，會脊椎側彎。

11. 科學已證明，行善能延長壽命。

12. 儘量不吃泡麵，非常難消化，給胃帶來很大負擔！

13. 藥王孫思邈從小體弱多病，因而立志要當醫生，之後持續研究醫學，最後留下了多部中醫巨著，他在102歲所著的《千金方．雜病論》中提到：擊一穴無所不治，這個位置是腳心，也就是用「手心的勞宮穴拍打腳底的湧泉穴」，其原理是心腎相交，它的好處效果太多了！對失眠、健忘、神經、易怒、高低血壓、肺結核、腰痠背痛等等都有幫助，一天可拍打一或兩次，次數可逐漸增加，以一天不超過九百下爲原則，詳情可參考Words of Zen在今年四月十三日發布的影片。

14.晚餐不超過七分飽！古代有過午不食或「少吃申後飯」，申時是15～17點，這也是建議大家晚餐少吃些；而活超過百歲的藥王「孫思邈」也說：「夜飯飽，損一日之壽」，這些可能超過一般人認知，或者因工作而無法去落實，並非時代不同就不適用，23～1、1～3點要熟睡，膽和肝分別才能進行排毒，此時沒熟睡，身體怎麼好？15～17、17～19點分別是膀胱和腎排毒的時間，雖不需熟睡，但排毒的時間進食又是合理的嗎？事出必有因，現代人幾乎都是亞健康，而科技愈來愈進步，病床卻愈來愈多，說穿了，一來懂得吃的健康的人不多，二來懂得活得健康的也不多，三來前兩項都知道且做得到的更少，仔細想想，本書結尾有提到富人大多早睡早起，且一週平均運動時間比一般人還多，我也發現有錢人滿多都會去爬山，可藉此排除負能量，加上十二經絡的養身是照著十二時辰在走的，並非到了現代就改變了；以前我聽過，早餐要吃得像皇帝（早餐占三餐的70％），午餐吃得像平民，晚餐吃得像乞丐，以前的我也不能理解，因爲我也是早餐吃不多，午、晚餐吃得多，但了解了《論語》所謂「不時不食」，不該用餐的時間就不吃，則可達到《呂氏春秋》（呂不韋所著）裡說的「食能以時，身必無災」，也就是按時用餐，身體無災難。

看完上述幾點，只要睡得好、吃得健康，大幅降低糖類攝取，眞的不用花大錢去減肥，眞的有心，自己控制好飲食，每天出門跑步，一定會有成效；很多中醫師懂十天干、十二地支，這跟針灸相對應的穴位、經絡也有關係，也有推拿師跟我分享，要當位厲害的醫師，必須要學《五經》、《甲乙經》、《黃帝內經》等等……，下面這段源於唐朝藥王「孫思邈」所著的《備急千金要方》，裡面一開頭就寫到：「凡欲爲大醫，必須諳《素問》、《甲乙》、《黃帝針經》、明堂流注、十二經脈、三部九候、五臟六腑、表裡孔穴、本草藥對，張仲景、王叔和、阮河南、范東陽、張苗、靳邵等諸部經方，又須妙解陰陽祿命，諸家相法，及灼龜五兆、《周易》六壬，並須精熟，如此乃得爲大醫。若不爾者，如無目夜遊，動致顚殞。次須熟讀此方，尋思妙理，留意鑽研，始可與言於醫道者矣。又須涉獵群書，何者？若不讀五經，不知有仁義之道。不讀三史，不知有古今之事。不讀諸子，睹事

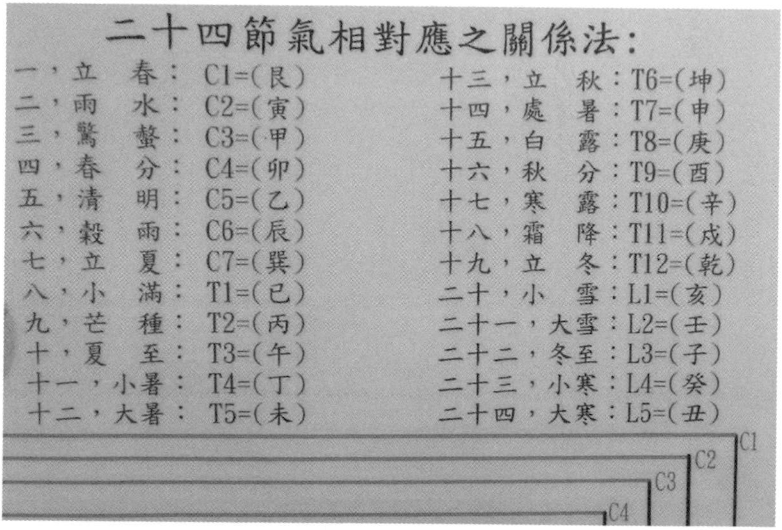

二十四節氣相對應之關係法：

一，立春	C1=(艮)	十三，立秋	T6=(坤)
二，雨水	C2=(寅)	十四，處暑	T7=(申)
三，驚蟄	C3=(甲)	十五，白露	T8=(庚)
四，春分	C4=(卯)	十六，秋分	T9=(酉)
五，清明	C5=(乙)	十七，寒露	T10=(辛)
六，穀雨	C6=(辰)	十八，霜降	T11=(戌)
七，立夏	C7=(巽)	十九，立冬	T12=(乾)
八，小滿	T1=(巳)	二十，小雪	L1=(亥)
九，芒種	T2=(丙)	二十一，大雪	L2=(壬)
十，夏至	T3=(午)	二十二，冬至	L3=(子)
十一，小暑	T4=(丁)	二十三，小寒	L4=(癸)
十二，大暑	T5=(未)	二十四，大寒	L5=(丑)

則不能默而識之。不讀《內經》，則不知有慈悲喜舍之德。不讀《莊》《老》，不能任眞體運，則吉凶拘忌，觸塗而生。至於五行休王，七耀天文，並須探賾。若能具而學之，則於醫道無所滯礙，盡善盡美矣。」

你覺得現代要找到有研讀上述書籍，醫術高超且充滿醫德的醫生容易嗎？聽聞曾有西醫醫師只是定期開藥給老年人，但探討能否根治病患的病症時，答案是不行，雖然只是個案，但實際上每個人也該了解中、西醫的差異，西醫用的是切除，哪裡有問題就治哪裡，大部分的人都知道西藥有副作用，也有敏感體質的人說，西藥把你的感觀知覺關起來，讓你沒有感覺。

中醫是熱病涼醫、寒病溫醫，同時也是醫食同源（既是食物也可當藥方），身體器官的中、下游生病，治療上游（根本）就好了，只是藥效較慢，且不會使用以毒攻毒（例如：化療）的方式，眞的懂養生的人，不會像現代一般人幾乎是亞健康，即使身邊有人感冒，他也比較不容易被感染。

之前有醫師推薦我看《鬆開的技、道、心》，雖然那時還不愛看書，但隔幾天我就抽空去買，去年底爲了寫結尾去誠品看書時，才發現這本在健康·生活類暢銷排第二名！這本在講「穴道導引」，也就是緊、縮穴道，看了推薦序裡興大物理系張明強教授和盧廣仲的見證，就知道這是門厲害的功夫！在養身在塊，有太多太多的書籍和資訊了，希望上述一樣對大家都很有幫助。

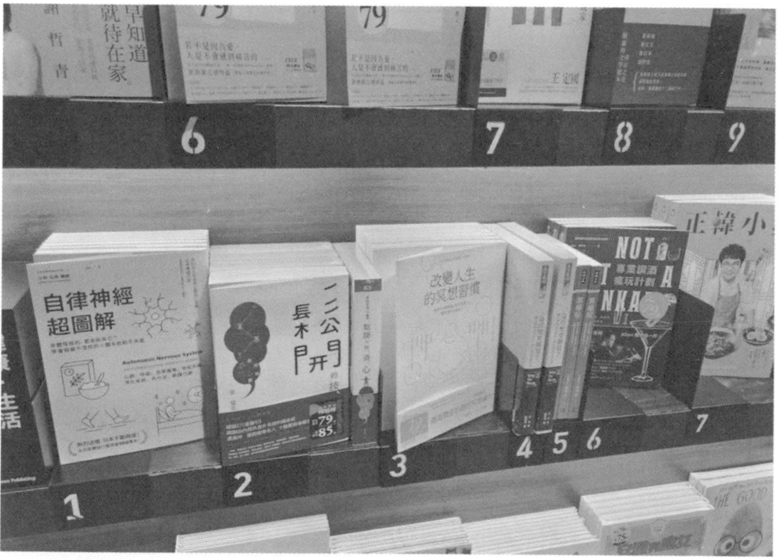

十一、擇業與擇偶

接下來這五項，是一般人更沒聽過，更冷門的五項，華人應該都聽過一命二運三風水，第六～十項有聽過的就少一半以上了，而後面這五項也很重要，先說擇業，選擇行業的部分，以前滿多人問過我，自己適合做什麼行業？但我都跟他們說，以前的確有依據自己五行的屬性，適合什麼工作，但這在現代已經較不適用了，例如屬土的人適合從事跟土地、房地產、建築相關的工作，但如果此人對房產、建築毫無興趣，只熱衷金融銀行業，請問你還是建議他做跟土相關的行業嗎？所以五行各自適合的行業，可以參考，但主要還是得依趨勢、專長、興趣來選擇；萬一專長或興趣是屬於夕陽行業，即將落寞，眞的不要猶豫，得立刻規劃轉換跑道。

男怕入錯行，女怕嫁錯郎，其實也就是在說擇業與擇偶，有覺得很巧嗎？其實每個俗語、諺語都有它的涵意存在，像先前提到的「門千金、厝四兩」也是大家幾乎都聽過，但不了解其眞正涵意，像有些豪宅，裝潢花了上百、上千萬，但門向沒走運的話，不如住在門向有走運，裝潢普通的房子；太多的實用知識是學校沒有教的，也有人統計過以一個人一生當中，在學校學習上課的總時間，大約爲五年，但現實是只有極少數的人，是透過學校教育，因而讓自己致富，過上比一般人還好的生活，所以我也投入非常多的心力完成本書，堅信本書能啓發大眾，讓很多人能發現自己盲點，了解人生和金錢這兩項遊戲到底要怎麼操作會較好。

另外結尾也有根據國外數據，提到未來幾個可能消失的工作供大家參考，而未來盛行的行業，網路上影片也有，我唯一推薦的，就是「幫人們解決問題的行業」，但得留意此行業會不會讓自己扣分！像外送在近年興起，讓很多人增加第二收入，但客觀的分析此事，便利了許多人，幫很多人省下時間，同時很多人變懶了，外送員用時間換金錢，對他們未來轉換跑道的幫助不大，阻斷了他們賺更多錢的機會；運送葷食，也有共業的問題，要承擔隱形負債，且他們大多騎車，風險增加，是一項能糊口但不能致富的辛苦工作；有調查指出，大多富人也都是白手起家，結尾附上詳細分析，簡單的說，只要換成了富人的思維，便能漸漸跳脫平凡。

在擇偶方面，雖然也有八字合婚、用命卦數看婚配等方式，但希望大家要了解，所有的學術，都用客觀的方式來參考，你會活得更自在，因爲這些術都是相對論，不是絕對論！你可能也聽過，有朋友有兩位對象要抉擇，自己較喜歡A，但父母或別人較建議要跟B在一起，諸如此類的案例，有時讓此人困擾，雖然現代人的道德觀不比從前，有些人在婚後過得不如預期或另一半出軌，或者流年來衝、來害配偶宮，因此跨不過這些考驗就離婚了，就本質而言，若大眾普遍的道德能提升，對人生、金錢的認知也提升，上述的問題也就自然減少，像有些夫妻，他們八字的月令是相害的，也就是學術上所說的，相害則容易想法分歧，同床異夢，但他們婚後雙方也都懂得互相尊敬、包容，相處一直都很融洽，所以不見得婚配一定要選八字合或命卦數合的，因為相合雖然好溝通，但也是會遇到流年來衝、來害配偶宮，若雙方彼此信任，想法認知、價值觀不會差太多，並互相尊重包容，是能解決大部分問題的。

前陣子也有兩位已婚的朋友，向我尋問她們跟老公之間的相處問題，外人看來，怎麼我比她們老公還了解她們？其實現代愈來愈多對情侶，還沒真正的了解對方就結婚，其實也不是認識很久就一定真正了解，因為也有人是婚後，或者接觸到了某個事件才瞬間改變的，他們會覺得，他們喜歡的是婚前的他，他現在變得我都不太認識了，這雖困擾了一些人，但這一切都有因緣，另一半的改變，是符合現行宇宙法則，我會建議你也要提升自己，且要尊重、包容另一半；還記得一開始所提書生的故事嗎？若你的另一半確定要離開或跟其他人在一起，那代表兩件事，一是你很可能只是書生那個故事裡，幫女人蓋上衣服的那個人，二是你們的因緣不夠深，你真正的正緣是另一位更好的對象，要藉由此次的事件後，你們才能在一起，所以真的不用再難過了，不甘心和面子是這世上最不值錢的東西，以前的我和很多人深受其害！這兩項會讓很多人做出錯誤的選擇，甚至傷心難過好一陣子，你自閉或療傷的期間愈久，愈拉長了跟正緣相遇的時間，結尾的第二篇有張霍金斯研究的能量圖表，仔細的看看這張表，因為低能量會吸引低能量的人靠近，那為何不立刻重振旗鼓，讓自己保持在一定的分數以上，接著向宇宙下訂單（吸引力法則的第二步驟），詳細描述你想要的對象，並認眞的去行善，迎接即將到來的美好？

感情上（其他方面也是），要改變自己原本的習慣或缺點滿不容易的，所以不要想去改變任何人，所以這邊也建議，不論在與人相處或感情上，你可以做好改變自己，因為自己轉念，整個世界都改變了，也較能看到對方的優點，不要限制任何人或另一半，一定要變成自己期望的樣子。

人生的下半場，往往關鍵在於擇偶（沒有要嫁娶的除外），上一輩的想法我們更難改變，所以嫁或娶一位能跟自己父母和平相處，且能一起提升的對象眞的不簡單，尤其我看到有影片問說，你的另一半阻擋你去學習怎麼辦？看到這類的問題時，眞的非常棘手，與其亡羊補牢，發生時再補救，不如擇偶前就瞭解對方清楚，再決定交往吧。

有些人在單身時，或許期待，或許擔心還未出現的另一半的種種，下面這段截自阿光的影片，是不錯的解答：「靈魂在投胎前，會和靈魂伴侶一起規劃來世相遇的時間與場景，並設計遇到彼此時，如何開啓似曾相識的關鍵舉止，因爲這些是在靈界設計好的，所以當一對戀人在地球邂逅時，即使之前心智上並不相識，但潛意識卻識得這個命中註定的另一半，終於出現了」；現在雖然女追男的現象變多，但與其爲了追不到的心儀對象而失落，這問題的本質在於自己還需要再提升，或是跟對方的緣分不夠，若各方面都做好準備，提升到一定的水平，應該會是你在挑選對象，屆時還會擔心遇不到互相欣賞的另一半嗎？

十二、趨吉及避凶

只有趨吉，沒有避凶，像是口袋破洞，一邊賺錢一邊漏財，有時可能感受沒那麼大，明明花錢布局家中風水，怎麼生意還是差不多？若只是做好避凶，沒有趨吉，有可能效果較好，因爲就像把破洞補起來，已經沒有在漏財了；而要不要趨吉，得看自己的考量，不用因爲某人說沒怎樣，就會怎樣而去花錢；就我自己來舉例，我會選擇避開不好的，實際上，我現在在這塊也幾乎沒花到錢，就已經把避凶這塊做得比以前還好了，我的話會把今年會遇到的命盤四大凶相的日子都先標註上去，在我過去的經驗，的確這些日子大多發生了相對應的事件，因爲過去大多需要工作或出門，但在思考前因後果和解決方法後，加上後來在家工作較多，在一定要出門接觸到朋友或客戶的那天，我不再提心吊膽，因爲莫非定律（Murphy's Law，也有人翻成墨菲定律或摩菲定律）有提到，越害怕發生的事就越容易發生，這也跟吸引力法則相關，你越擔心此事發生，你向宇宙發出這樣的一個訊號，相對應的事情結果，也可能被自己吸引而來，所以我保持平常心，且拿出自己最佳狀態，眞的收到了好效果，久而久之，這些日子我也當成平日在過，但這跟你了不了解人生的遊戲規則，有無持續行善等等也有關連。

至於趨吉這部分，去接近好的人事物都算趨吉，先聊聊人這一塊，有些人在抉擇時，不見得會去問身邊賺得較多或較有格局的朋友，反而去問跟自己差不多或比自己差的朋友，來換得一個安心；有報告指出，當你身處在一群朋友裡，智商會降低，其中一項原因是爲了獲得認同，個體願意拋棄是非，大多人有發生過這樣的事，但看到這邊之後，你覺得你以後還要爲了獲得認同而拋棄是非嗎？

問對人很重要，不知道問誰，就保持道德良心去選擇，而有些人會擲筊問神或占卜，其實擲筊也算最簡單的占卜；此時就發現剛才「交貴人」這項的重要性了，有軍師型的朋友可以商量討論，有時像是如虎添翼；而在職場上，要避凶的話，說穿了也是運用剛才的「交貴人」，首先要了解不論在怎樣的職場，幾乎都可能會遇到自己不喜歡的人，或者有人不喜歡你，以前我也曾因爲有不喜歡的同事，讓我萌生想換工作的念頭，結果換了個新職場，類似的情形又發生了！難道要一直換到一切達到自己理想的職場爲止嗎？其實以現在的角度來看，這些都不是問題，因爲了解因果，所以上一世或前幾世你所虧欠的人，會被安排陸續出現在你的周遭，所以終究是要面對解決的，用善緣去結束你們之前的惡緣，會是最佳解答；而且大多根本就是自己的問題，自己行爲有偏差，別人才會對你有意見，自己表現過太好或太差，也是主因，做好自己本分，互相幫忙，有餘力的情況下也盡量幫忙，即使盡力做到最好，還是有人討厭你的話也沒關係，因爲你的心情若容易受到生活周遭影響，你就輸了，因爲你沒眞正了解人生這個遊戲（可參照結尾，有更詳細說明），就像劉德華在某次專訪也說過：「發脾氣是本能，不發脾氣是本事」，能掌控好自己情緒，才有辦法保持結尾提到的霍金斯能量圖表 200 分以上的狀態，也才能創造更好的結果，而不是受到委屈、被誤會、被罵，就因這些微不足道的小事，讓別人掌控了你的情緒和人生。

趨吉之中，接近好的事與物，其實是較簡單的，大家都想過更好的生活，但非常多人做相反的事，不是很奇怪嗎？近朱者赤，近墨者黑也是大家都知道的，但只有想，行動卻是接觸電玩、娛樂性電視節目、酒肉朋友，說穿了也是日漸沉淪的行爲；人類其實是很好控制的一群生物，你看完本書，也有去搜尋本書提到的許多理論，了解人性後，你就會知道，自律是件不簡單的事，因爲它違反人性，所以必須要有強大的誘因來突破，也就是夢想和行動力，且要說服潛意識，雖然有些影片都說要變好，你要脫離目前的圈子，但有幾人能做到？自己目前的程度沒大幅提升，或者你的專長技能不特殊，等級比你更高的人，不見得願意花時間跟你交朋友。

人幾乎都需要被認同，但你得了解，要讓等級高的少數人認同較好？還是讓一般多數人認同？舉例來說，成功的人是不是大多都跟一般人想得不一樣？換言之就是你想的都跟大家一樣，你想得到的，別人也會去做，你要成功的機率降低；只要你的等級、格局越高，獨特性知識懂得愈多，掌握的資訊愈多，成功的機率會較高，前提是要去接近好的人事物。

十三、逢苦要無怨

人的一生中都會遇到吃苦的時候，做個簡單的分析如下：

逢苦即抱怨~能量降到霍金斯能量圖表150以下,吸引不好的人事物~結果往往不好。

逢苦而無怨~能量能維持在200以上，吸引好的人事物~結果總是好的。

上面這個簡單的分析，不知各位能否理解並眞的做到，吃苦像是吃補?本書結尾也有提到，高手容易看穿事物的本質，若你的一生當中，順水順舟，幾乎不用吃苦，請問這樣的人生是眞正有意思的嗎?見人見智，眞的要一帆風順，累世要累積多少的福報?並加上今生大量的行善，我相信有這樣的人生，但很多人沉迷於遊戲裡，其中一項原因，就是遊戲有挑戰，値得動腦去思考、闖關，一個已經破關的遊戲，要你再多破關幾次，可能對很多人來說，不會想再玩第二次，寧可去挑戰其他更難的遊戲。

就打牌而言，一手好牌，大家要一直贏不是問題，贏多贏少的差異而已，但怎麼處理一手爛牌，減少損失，將傷害降到最低，才是高手；而人生亦是如此，若一路都平順，一旦突然遇到了考驗，往往會身陷其中，很難突破，因爲都順風順水習慣了，平時並不知道怎麼處理這些麻煩事；相反的，若平時就經歷了大風大浪，突然來個更大的，你也能依循過往的經驗來解決，不是嗎？這跟比較不好的命盤是一模一樣的道理，擁有這樣命盤的人，非常禁得起風吹雨打，滿多人能越挫越勇，對於不好的事已經習以爲常了；而眞的要非常注意的，反而是從未遇過大風大浪的人！如果他的認知範圍高，可能還好，但如果此人認知範圍不廣，一旦遇到一個大考驗，可能會讓他久久無法翻身，所以拿到一手好牌不見得能笑到最後，一手爛牌若能甘之如飴，逢苦無怨，平時多充實自己，時機一到，也能醜小鴨變鳳凰，飛上青天。

看到結尾，人生也是加減分的遊戲，加分加得多，升級升得快，扣分扣得多，則一直卡關無法升級，抱怨與許多負面的事皆爲扣分的行爲，那你要快點通關還是卡關呢？假設你是老闆，一位常私下抱怨跟一位從不抱怨的員工，在兩人年資相同的情況下，你要先讓那一位升遷呢？抱怨眞的不會讓你成長，看完本書，你眞正了解宇宙法則後，你一定知道要多跟等級高的人來往，因爲這樣的圈子，抱怨較少，分享正能量較多。

之前有看過，有人說抱怨是無能的行爲，這樣的說法有點狠，但與其抱怨，不如了解因果，因爲是自己做不好或對方故意刁難，自己再改善或了解是某一世的因果，所以對方來刁難，就瞬間明白並放下，眞的就不用抱怨了；你有聽過更高招的做法嗎？就是告訴自己，眞的太棒了，對方的刁難減少了彼此之間的惡緣，又消了一些業障，我得感謝對方呢！

若能選擇的話，你要藉由這種小事來消業障，還是要發生損財、損健康的事來消業障呢？就像前面有提過的，凡事皆有正反兩面，就看你怎麼看待而已。

十四、不固執善惡

現實生活中，有的人吃得很開，黑白兩道都有往來，人生過得豁達開朗；也有人嫉惡如仇，不跟做惡的人來往，非常正直，並非這樣不好，而是這樣就少了讓黑轉白的機會了。

人非聖賢，孰能無過？一些大善人也都是年輕時做過很多錯誤、非法的事，經歷一次或幾次的機緣，讓他們眞正體悟自己再這樣下去不行，進而自己下定決心、痛改前非；爲何古代有孟母三遷？這再三說明了環境的重要性！若我們來到的未來，是世界大同的社會，大家進入了更高科技，物質毫不缺乏的年代，大家追求的是提升靈性，每個人都能用意識來交流，四十年內大家一起進入這樣的環境，還有需要去偷竊、貪小便宜或是做非法的事嗎？好像眞的沒有這個必要耶！再回到現代，爲何烏俄戰爭？世上仍有那麼多非法之事？一來因果，二來道德淪喪，集體意識需提升！

要爲善或爲惡，雖然環境影響大，但主要還是看自己，萬物唯心造，自己心中有把尺，便不會沉淪，善惡到頭終有報，不是不報，是時間未到；其實不止是固執善惡，固執其他事情有時也是很恐怖的事，固執做 100%正確的事可能還好，因爲當局者迷，一定要提升自己認知，知道自己堅持做的事情是否正確，同時也要放下我執、驕傲；好和不好都是人在分的，上天沒有分別心，不會去分善惡，對每個人一視同仁，都給予機會，只看自己有沒有掌握；這也像耶穌沒有創立基督教，穆罕默德沒有創立回教，釋迦牟尼佛沒創立佛教，老子沒創立道教，都是後代的人去分的，也可以說世上一切都是人在分的，有時候這樣分，造成對立、屠殺，事實上萬靈、萬物皆平等，不要有分別心，能讓你減少煩惱，並進入更高的等級。

也因爲善惡有時可能只是一時的，此人向來爲善，不保證他以後不會作惡，此人目前爲惡，也很可能因爲某個事件就讓他洗心革面了，太計較、有分別心的話，有時吃虧可能是自己。

十五、榮光因緣來

以上十四項都做好後，自然一切更好的因緣就會來了，光榮也會跟著來了，但其實也要把孝道、禮義廉恥、信用等等的基本做好！把古代的這些方法拿到現代來使用，依然非常實用，時代背景不同，但這些方法依然都各有其重要性，該怎麼好好運用，就看每個人的發揮了。

這邊分享個武則天的故事~某天釋迦牟尼佛傳法的時候，帶著弟子托砵出去化齋，一群小孩在路上玩堆沙子，其中一位女孩看到佛陀走在前面，就用雙手從地上捧起一堆沙，放入佛陀的碗，釋迦牟尼佛很客氣的接受了她的沙土，而大弟子舍利佛看不過去，事後就問了：「世尊，剛才那位小女孩，把沙土放在您的飯砵裡，怎麼能讓她這麼胡鬧？」佛陀微笑的說：「此女千百年後，因緣成熟後會爲王，如果我不接受她的沙，她將會試圖去破壞佛法，我接受了她的沙，這樣讓她結下此善因緣，她將來做王時將會弘揚佛法。」

後來武則天在做皇后之前，曾做了幾年的尼姑，在位後，致力弘揚佛法，並從印度請回難陀法師來翻譯《華嚴經》，歷時八年，共翻譯了八十卷，武則天因體會經義的玄妙而題了一首開經偈：「無上甚深微妙法，百千萬劫難遭遇，我今見聞得受持，願解如來眞實義。」

在她的推動下，也奠定了佛教八宗蓬勃發展的基礎！如果當初佛陀不接受女孩的沙，雖不知歷史會變動多少，但至少佛法在武則天在位時，不會那麼盛行；別人要怎麼對你，是他們的選擇，你也能像佛陀一樣，客氣的接受這堆沙嗎？

以上整理出來的五十十五個方法，是從古至今，改變命運較顯著的方法，當然還有很多方法，像一般人聽過的盡孝、感恩懺悔、投資自己腦袋等等，這裡不提這些細節，只講重點；其實父母就像是家裡的兩尊仙佛，不用像一般人的去廟宇祈求，而是先照顧好家裡這兩尊，除此之外，還沒結婚的朋友，若另一半的父母依然健在，也要把他們當成自己親生父母一樣孝順，跟你們說個祕密，一旦你起心動念，不想跟公婆或岳父岳母住一起，你的福報就立刻減少了！這項幾乎沒人知道，但沒關係，現在知道了，要怎麼做一樣是自己的選擇。

若遇到較難解決的問題，感恩懺悔是最好的方法，也許這不好理解，或者要用更高維的角度來看，能很快得到解答；此外有個非提不可的正確觀念：有些人很善良，會捐貓狗罐頭、捐款給老人買年菜，但可惜的是，他們有這顆心，若買的是葷食，依然是讓自己的功德打折扣的！

曾有醫生提出這個問題：如果有個比人類高階的族群，把你的家人朋友都殺光，在你能夠報仇、有權利報仇的情況下，你會不會殺掉這個族群？是的，這個狀況恰巧在我們身邊時常上演，只要你殺生、助殺、幫忙運送葷食、吃葷食，他們全部都會變成業力來討報，只是時間的早晚而已，網路上有許多業力討報的眞實故事，有空的朋友不妨看個一、二則；曾有業力要追討A，但A在這一世出家作和尚，所以業力這一世無法對A下手，下一世A並沒有出家，這時業力就找上A了，並在旁等待時機，等A運氣較差或意志消沉時對A下手；有些有特異功能或敏感體質的人早已知道，這一世來地球的其中一個目的，是爲了提升自己的靈魂、靈性，你若不能在這一世多做些功德，多還一些，並提升自己的靈性，當這個肉體不能使用時，下一世投胎爲人或動物，一樣該還的還是得還，早還晚還而已，同樣都要還，爲何不從現在起，停止一切讓自己扣分的行爲，多去做一些讓自己加分，讓自己、世界變更好的事？有些人的確是因爲周遭的家人朋友不認同，或是爲了應酬，而回到以前吃葷的生活，實爲可惜，因爲目前世上運行的法則就是如此，大才大考，庸才不考，人才會受到考驗，不要因爲有持續在吃素或做善事，遇到了一次較不順遂的事，就覺得之前做的善事都白做了，實際上「寸功不滅」，你所做的任何善事，上天都一一記載，一項也不會少！還記得前面提到的司馬光家訓嗎？你眞的愛你的父母、子女，而且可以一季之內就見效的轉變命運方法，就是先從嘴巴放生！就像朋友說的，不見得要爲了地球環境或其他因素，其實爲了自己，嘴巴放生能100%進入更好的生活，這個理由就足夠了。

此外，方法雖多，但不去實行、運用，難以預期未來一定能走向更好的結局，有些人會責怪上天怎沒幫自己？可能是因爲貴人出現在身邊了，但聽不進金玉良言或聽了後遲遲未去實行！因爲當你在聽演講或有人給你建議時，你聽到一樣的觀念會認同，但聽到不一樣的，可能不認同、可能質疑，所以當下聽不進去，這許許多多聽不進去的例子當中，往往聽不進去的部分，就是你和富人的差距；很多人都知道窮爸爸富爸爸這本書，但當你去研究、探討富人和窮人的思維後，會發現差異性非常大！擁有富人思維和執行力，也是轉變命運的方法之一！

很多人都會說，什麼事要幾歲才要去做，要賺到或存到多少才要幹嘛，事實上有兩件事得即刻去做，就是行孝和行善；爲何不要有「我存到多少錢，我再來捐多少的想法」？一來生命無常，沒人能肯定明天先到還是無常先到，二來每個人來到這世上的目的之一，是要提升自己的靈魂、靈性；雖然很多人不相信輪迴、業力，但這個年代，已經有些人去遊過天堂和地府，當中有人把經歷寫成書，跟外星人接觸的眾多人當中，也有人出書，早已不稀奇。

爲何很多成功人士會「先相信再看見」？當然我瞭解很多人必需眼見爲憑才會相信，但現在有些事你親眼所見，都不一定是眞的；很多人是因爲自己環境、格局、思想受限或負面思考，所以無法更上一層樓，也因爲他們確實不了解或不太相信吸引力法則；像我在去年恰巧要換錢包，去買了朋友推薦的 vegan7，老闆只有長夾和短夾各一款，並且跟我說，許多商務人士都用長夾，因爲不希望鈔票被折到……等等，我猶豫了一下，想說上次用長夾是二十年前高中時期了，且長夾不好攜帶，但又想到如果老闆說的是眞的，那我也要學習商務人士的方法，所以我買了長夾；過了兩、三天，我在聽周老師的其中一個演講時，恰巧聽到了他也說世界上的富人幾乎都用長夾，並說明原因，我很慶幸自己做出了正確的選擇！沒想到又過了一陣子，才發現有本暢銷書叫做《爲什麼有錢人都用長皮夾》，原來選擇皮夾還有那麼多學問！

網路上有個簡寫是「TLDR」，「Too Long Didn't Read」，意指「太長而未讀」，其實上述的古人十五大改變命運方法，很多的內容細節探討，或者書中其他內容延伸，都可以出一本很厚的書，尤其市面上有滿多有關養身、八字、冥想之類的書，所以我整理出精華，盡量不寫得太冗長，讓許多平時沒讀書習慣的朋友，不會覺得看完一本書要花很多時間，若眞的不喜歡看書，也可以上 YouTube 搜尋「高維領域」，我把書中許多延伸的話題製作成影片，讓大家能輕鬆的學習更多需知（獨特性知識），進而提升格局、眼界、思維，愈過愈好。

成功方程式（綜合篇）

以下補充些書店、網路搜集到的實用資訊，共花了超過半年整理出來的：

A魂磨きで魔法のように願いを叶える《你所夢想的事，都能一一實現》一書中提到：無論是痛苦或不如意，一切都是打磨靈魂最好的機會，作者是超人氣心靈諮商師～水紀華；這裡所說的打磨靈魂，指的是磨練。

B美國著名心理學家「大衛霍金斯」花了三十多年的時間，研究證實了人們眞的有各個不同的級別，以下是他研究的能量圖表；處於驕傲、憤怒、慾望、恐懼、悲傷、冷淡、內疚、羞愧的情況，會讓自己能量較低，非常容易做出錯誤的判斷，且會吸引一樣低能量的人來接近你，因爲這也像磁鐵的原理，你能量愈高，吸來的是愈高能量的人事物；同理可證，能量高也能吸引能量較高的人；相對的，若你能量都處於四百以上，有穩定收入，跟大部分的人處得來，也有能認識異性的環境，基本上不用太擔心找不到理想的另一半，除非自己眼光太高，設定標準太高；若是能量場較低，好不容易追來的對象，也可能對方有更好的選擇，最終就離開自己；這也跟前面有提到的花若盛開，蝴蝶自來的原理一樣，聰明的人提升自己，在各方面容易事半功倍，你能讓自己維持在四百或五百分以上，一切自然會更好。

C打坐、冥想都是能靜下心、找尋靈感的方法，也能靜化負能量，這兩者有些相似，也有些人認爲，最終目的要打開松果體（第三隻眼），對自己提升會更有幫助，而平衡七大脈輪也能讓自己調整到較好的狀態；科學已證實，冥想有助於舒緩各種疾病的症狀，包括疼痛、失眠、壓力；冥想是種整合、平衡，能夠改變人類大腦裡的結構，激活某些區域神經元的連結，例如 NBA 知名教練，綽號禪師的 Phil Jackson（傑克森）會要求球員每天要練習冥想，而他帶過的 Michael Jordan（麥克喬登）、Kobe Bryan（柯比布萊恩）、Shaquille O neal（俠客歐尼爾），這三位知名球星也都透露過，冥想增加了生活的品質，也改善了他

高頻能量

開悟	700-1000	合一、無我
平靜	600	完美、和平、安詳
喜悅	540	樂觀、慈悲、非常有耐性
愛	500	專注生活中美好、幸福
理智	400	智慧、創造者
寬恕	350	瞭解事物沒有對錯
主動	310	真誠、友善、敞開、成長
滿意	250	信任、活力、安全感
勇氣	200	把握機會、信心、肯定

低頻能量

驕傲	175	自我膨脹、抵制成長、狂妄
憤怒	150	恼恨、侵蝕心靈、抱怨
慾望	125	上癮、貪婪
恐懼	100	壓抑、焦慮、退縮、阻礙成長
悲傷	75	失落、依賴、悲觀
冷淡	50	絕望、自我放棄
內疚	30	懊惱、自責、自我否定
羞愧	20	接近死亡、自我封閉、影響身心健康

們在球場上的表現；有關冥想的書籍很多，益處也很多，也非常鼓勵大家練習。

D沃爾森法則：把訊息和情報放第一位，金錢就會滾滾而來。——美國企業家沃爾森。

E在四十年間創立了兩家世界五百強的稻盛和夫，在六十五歲退休後出家修行，在78歲時接下面臨破產的日航董事長一職，以零薪水出任，且不帶團隊去日航，日航重建的前兩年，把虧損轉爲盈利，創下全球航空公司總利潤一半的奇蹟！眞的太不可思議了，你可能很難體會，不妨看看身邊七十歲以上的朋友都在做些什麼？

稻盛和夫說：「利他行善，這個純粹專一的動機，可以產生強大的力量。」他也在自傳《活法》裡提到：「假如有人問我，我活著的唯一目的是什麼？就是在我死的時候，我的靈魂比我來的時候還純粹一點。」聽完之後，有沒有覺得，要創立一家營利的公司，會比把一家虧損的企業由虧轉盈還要簡單？

稻盛和夫也說過：成功的路不能複製，但是成功的道路總有一樣的規律：Amazon 亞馬遜的創始人，也是之前的全球首富 Jeff Bezos（傑夫貝索斯）說過：Amazon 從來不考慮怎麼賺錢，只考慮怎麼樣讓他們的用戶可以更省錢，怎麼更快的拿到他們的產品；馬雲創的阿里巴巴，讓天下沒有難做的生意，藉由這些案例，你有體會到成功的規律了嗎？

用更高維度來分析，起心動念很重要，大部分企業的誕生是爲了賺錢，他們覺得天經地義，殊不知以此爲初衷，你得去跟同領域的競爭，你夠優秀、卓越，能發展得不錯；若你的初衷是利他，基本上你的產品、經營模式不要太差，要失敗也難，下面是財運到來之前，稻盛和夫說，要先失去的五樣東西：

1. 失去脾氣。
2. 失去抱怨。
3. 失去依賴。
4. 失去無知。
5. 失去後悔。

最後送上稻盛和夫給年輕人的五個忠告：

1. 改變只求完成，不求完美的工作態度，要求事事完美。
2. 精進是通往成功的捷徑。
3. 成功發展不是一蹴而就，而是「能力」「努力」「態度」。
4. 每天進步一點點，在平凡中突破。
5. 與其等待喜歡的工作，不如想辦法享受所做的工作。

F 關聖帝君云：「現在用至誠無盡的態度，才有上天無窮的助力。」；「若能把握今生，

何患曲終人散。」2020.11.29

人生自古誰無死？多數人很矛盾，不弄懂人生的目的，對死亡有恐懼；想活得久，又不愛惜身體，要用心看完結尾的人生篇，並把握今生、把握當下，即使有意外，也才能坦然面對！

G美國公共會計師＋理財規畫師的湯瑪斯．科里（Thomas C. Corley），因爲工作的關係，可以接觸各個行業，他花了五年研究 177 位白手起家的千萬富翁和 128 位窮人的日常習慣，發現了一個人的習慣，會決定這個人在生活中能否成功，並寫了本《富有的習慣》*Rich Habits*，以下是富人都有的習慣：

◆相信自己的能力。

◆注重飲食健康(健康比味道更重要！70％富人每天攝取垃圾食品的卡路里低於 300，97％窮人每天攝取垃圾食品的卡路里超過 300）。

◆善於推銷自己。

◆適當休息放鬆。

◆尋求反饋，有自己的導師。

◆設定個人目標。

◆91％的富人會自己業務決策（不拖延）。

◆88%的富人每天至少閱讀30分鐘。
◆85%的富人每個月至少讀兩本書。
◆79%的富人讀準確、權威的資料，而非打聽別人或看二手信息。
◆58%的富人讀成功人士的自傳。
◆55%的富人讀成長類的書籍。
◆51%的富人喜歡閱讀歷史類書籍。
◆每天堅持早起、健身。
◆與優秀的人為伍。
◆保持終身學習
（98%的富人每天都會學習30分鐘以上，只有2%的窮人每天學習30分鐘以上）。
◆舉止禮貌，更加謹言慎行。
◆不從眾，幫助其他人成功。

H《玉曆寶鈔》是十殿閻君與所有神明將擬好的奏議，奏呈玉皇大帝，並由玉皇大帝頒布公開；在宋仁宗時，庚午年的重陽節，判吏令陽間的貧窮修行者淡痴道人把玉曆抄寫起來，請他公諸世人；書裡介紹了在陽世犯了怎樣的過錯，死後會在地府的那一殿，受怎樣的刑罰、辨明世間誤傳的部分等等，小本彩色版和YouTube上《玉曆寶鈔動畫全集》，都是淺顯易懂的版本，這裡面也有非常多一般人不知道的重要知識。

—「除非你很幸運，不然賺不到你認知範圍以外的錢。」；「所有財富、健康都是你福報的變現，疾病、痛苦都是你業障的體現。」；「讀書是鏈接高我最快的法門。」；「人生最大的悲哀，是拿了一大堆帶得走的，去換了一大堆帶不走的（指的是錢、名利）；人生最大的智慧，是拿帶不走的換帶得走的～」——新思想控股集團董事長周文強。

他所說的「帶得走的」是修爲，而眞正帶得走的唯有「功德」和「業力」，若把人生比喻爲一場遊戲，妙善公主是高手，祂提早破關，證得果號南無觀世音菩薩；而一般人都不先了解怎麼升等，到了一定年齡就不斷的累積裝備（穿著）、金幣，死了才知道原來這遊戲不是這樣玩，然後在經過十殿閻君的審判，並受苦n年後，喝了孟婆湯再去投胎，從死掉時的等級開始接關，這也是爲什麼很多人有天賦，學某項才藝、運動、技能非常快，因爲這是他累世就學過的，原先就已經會的！目前有愈來愈多懂得玩這個遊戲的人，已經在使用密技（快速累積功德的方法），也開始布局，不論有無破關，下次再開始時，能取得比普羅大眾還高的等級，以便接關後更容易升級。

在我寫結尾時，看到了周老師的影片中，有提到現在天道已經不酬勤了，而是酬愿，「天道酬愿」，這的確極少人知道，也和我前面寫的「愿力大於業力」有些相似，所以得澄清一下，本書的前半段架構在去年六月左右就寫好了，去年11月初時，我在FB發了一則周老師財商的影片，本書前面提到現代改變命運的五種方法中，恰巧有三項，他也有提到相關的內容，但我是先寫好後，在去年年底想讓結尾豐富一些，才去誠品看書，看YouTube、FB的影片來搜集相關資訊做結尾，也才首次接觸到周老師的影片。

《窮爸爸富爸爸》和《祕密》這兩本書，改變了周老師的命運，讓他漸漸成爲了億萬富翁，而他厲害的其中一點，就是去研究《祕密》的作者Rhonda Byrne是怎麼寫出《祕密》一書的，進而找到《失落的百年致富聖經》，再找到背後的《硅谷禁書》，最後找到源頭，被美國禁了70年的致富經典《世界最神奇的24堂課》，揭露了整個宇宙的奧祕，如果全天下所有人看了此書，都變成有錢人，就沒人願意做基層的工作，所以華爾街的巨頭們把這本書的版權買斷，此書在一百多年前的手抄版有賣到一千美金（在當時算是很多錢）！據說比爾蓋茲有看過此書的手抄本；神經學家在一九九一年發現「思想具有磁場和能量，頻率相同的事物能被它們吸引到你的生活，成爲你的命運」，這也是大家都聽過的吸引力法則。

拓展格局必看~他也有分析很多故事，像三國，秦，隋等等，滿精闢的；底下是"財商思維"的連結

https://www.facebook.com/zhouziwenqiang/videos/939366629935327/

YOUTUBE.COM
周文强 (财道): 第五集（完）

以下是書中的24堂課：

1. 內在的世界，巨大的力量。
2. 習慣的發源地～潛意識。
3. 無需向外求助，自己才是最強大的。
4. 你可以成爲任何一類人。
5. 眞誠渴望～主張權利～勢必占有。
6. 需要～尋求～行動～收穫。
7. 形體化你的目標。
8. 和諧的思想產生美好的結果。
9. 改變我們自己。
10. 因果法則。
11. 萬事萬物都有規律可循。
12. 集中你的能量，專注你的思考。
13. 做有益的精神付出。
14. 保護你的思想領域。
15. 成爲有足夠智慧的人。

16. 心靈印記和精神願景。
17. 渴望中誕生希望。
18. 互惠行為。
19. 知識戰勝恐懼。
20. 思想主導一切。
21. 改變人格徹底改變環境。
22. 健康是過去思考方式的結果。
23. 將成功發揮到極致。
24. 一切皆在你心中。

另外也想提一下《窮爸爸富爸爸》這本書，今年看到兩個影片，分別把《窮爸爸富爸爸》貫上了負面字眼，雖然這兩個影片中，有些分析是合理的，但我想再次跟大家說「凡事皆有正反兩面」，眞的就看你從什麼角度去看待和分析！我不是要幫這本書反駁，而是想客觀的分析，這本書幫了周老師、電商創業家 Ellen Lin 等人開啓了創富之路，連「老高與小茉」的老高，也是正向的做了一期有關《窮爸爸富爸爸》的影片，以上三位的收入，遠高於把此書貫上負評的人，連我自己也因爲這本書，更認識了財商，並立下了更長遠、利益眾生的志向，也有人看完幾年後成爲百萬富翁，你能說這本書不好嗎？這到底是人的問題還是書的問題？當然看完羅伯特清崎這本暢銷書，一定有的人體悟深，有的人較無法學以致用，有的人因此賺更多，有的人沒有，若看了此書而沒有賺更多的人，應該要思考或探討，爲何別人行我卻不行？這樣會比你給此書負評還理想，不是嗎？我後面結尾有提到分別心、比較心，人世間大多的煩惱、紛爭，很多都是由此而來，煩惱、紛爭又會帶給你負能量，讓你無法在霍金斯的能量表中維持 200 分以上，是否要思考排除這些帶給你負面的因素了呢？

J 英國首富 Dyson（戴森吸塵器的研發者），花了五年，做了五千多個戴森吸塵器的原型，這段創業初期很重要，因爲他老婆扛起家裡開銷和扶養三個孩子，看完 Dyson 的故事，努力、堅持、好伴侶很重要外，他能成功的關鍵點是他想造福全人類，研發讓人們更好用的產品的那顆心！

K《有錢人想的和你不一樣羅伯特清崎一書中，提到 17 個富人與窮人思維的不同：

1. 有錢人相信我創造了我的人生，窮人相信人生發生了在我身上。
2. 有錢人玩金錢遊戲是爲了贏，窮人玩是爲了不要輸。
3. 有錢人努力讓自己變得有錢，窮人一直想著變有錢。
4. 有錢人想的很大，窮人想的很小。
5. 有錢人專注於機會，窮人專注於障礙。

6. 有錢人欣賞其他有錢人和成功人士，窮人討厭有錢人和成功人士。
7. 有錢人和積極的人士交往，窮人和消極人士交往。
8. 有錢人樂於宣傳自己和自己的價值觀，窮人把推銷看成不好的事情。
9. 有錢人大於他們的問題，窮人小於他們的問題。
10. 有錢人是很棒的接受者，窮人是差勁的接受者。
11. 有錢人選擇按照結果拿薪酬，窮人選擇按時間拿薪酬。
12. 有錢人想著如何兩個都要，窮人想著如何二選一。
13. 有錢人專注於自己的淨值，窮人專注於自己的工作收入。
14. 有錢人很會管理他們的錢，窮人很容易搞丟他的錢。
15. 有錢人讓錢幫他辛苦工作，窮人辛苦工作賺錢。
16. 有錢人就算恐懼也會採取行動，窮人讓恐懼阻礙他們的行動。
17. 有錢人持續的學習成長，窮人認爲他們知道一切。

關於第九點，若將所有人的認知比喻爲等級 1～99，等級 90 以上的人，遇到任何問題幾乎能處理，也會想盡辦法去解決等級 90 以上的問題；而等級 10 以下的人，很多事都會成爲難題或無解的題目，但這些在等級 60、70 以上的人看來，根本不是問題；另外關於上面第 11 點，我自己以前經歷十幾年的求職，也是按時間拿薪酬，逐漸轉變爲近年開始按照結果拿薪酬，但要進入按結果拿薪酬不容易，因爲大多數的人是用時間換金錢，想提升收入，眞的要讀懂本書，了解人生、金錢、人性、富人思維，並且努力提升自己＋行善；另外有個重點，你很多不知道的事，眞的要問對人，沒有慧根，也要會跟，所以跟對人，問對人非常非常重要，假設你的等級是70，你拿一件不知道的事去問等級60以下的一群朋友，你得不到正解，反而可能被他們誤導；也有人會自己想著想著，就覺得應該是這樣子，就是所謂的自己想自己對；而有些人是不懂也不會去問，不道聽塗說還好，看到新聞或網路錯誤的訊息而信以爲眞，反而更糟糕。

愛因斯坦也說過，這個層級的問題，很難用這個層級的思考方式來解決，我們需要靠更高級的思維去破局；也就是說，用更高維度的方式去思考，能得到答案，這些智慧都在四書（《論語》、《孟子》、《中庸》、《大學》）和五經（《詩經》、《尚書》、《春秋》、《周易》、《禮記》）裡面，前幾年聽到時，當時的我不能理解，看這些到底幫助多大？雖然也聽過半部《論語》能治天下，但當時要我看這些經典是沒興趣的，但實際上讀書百遍，其義自見（音同現），這些都有人翻譯好了，看不懂文言文，對照著讀或直接讀翻譯好的部分，一樣能讓你智慧大增。

有些人會跟從上位者（權威服從，後面會說明），但這些領袖或主事者並非所說都是正確的，但眞正能認清道理，做出正確判斷的不多，所以才說跟對人、問對人非常重要，其實不一定要跟人或問人，這宇宙是遠遠超乎你想像的大，但凡事都有宇宙的法則和眞理可遵行，一樣不要做出違背良心的選擇乃爲上策。

L《眼界》一書提到：當你被捆綁在高速運轉，只能出賣體力，無暇思考、無法提升的機器上時，你要做的是離開這個環境，找到新的生存方式；美國有富人挑戰三個月內把一百美金變成一百萬美金的實境秀《富豪谷底求翻身》，第一季一位挑戰者，第二季有三位，內容過程都很精彩，重點是他們的思維，值得學習；我也看了香港實境秀《窮富翁大作戰》的精華片段，首集是香港政治人物兼富商田北辰，他參加的第一晚被收走身上所有錢，被帶到四、五坪左右的籠屋住，節目組給他一天五十港幣生活費，體驗時薪二十五元的清道夫工作，而搭一次巴士去工作地點要十三多塊；我想問的是，如果你處於窮富翁大作戰給出的環境條件，你有辦法翻轉嗎？田北辰也說：「我這兩天只是考慮吃東西，我完全沒什麼盼望，我什麼都不想，我努力工作只是希望吃一頓好的，我現在明白他們大部分的想法，怎會計劃下星期、明年、將來會怎樣？最重要是解決下一餐。」

是的，這個問題的確難解，但我仔細想了想，大概也只有盡全力去實行本書所提到的所有方法，在不斷幫助別人的情況下，必有貴人來幫忙，也才能像《眼界》一書說的，離開這個環境，找到新的生存方式；我這半年看了相當多的資料、影片，很多都有提到富人學習的時間遠多於窮人，所以他們能掌握信息差，若讓富人和一般人參加剛才的美國實境秀，讓他們來到新的地方重新開始，富人大多依然能快速的東山再起，跟一般人拉開差距，雖然初期他們也得靠勞力、時間去換錢，但他們中後期的思維是創造者、供給者，懂得空手套白狼，去整合，去借，並非像一般人就只求穩定的繼續工作，你~有更了解他們之間思維的差異了嗎？

M股神巴菲特說 It's far better to buy a wonderful company at a fair price than a fair company at a wonderful price.，意思是用合理價格去投資好公司，會比用好價格（低價）去投資合理的公司還好；此外巴菲特也只投資自己了解的公司＋有競爭優勢的公司；二〇〇四年他老婆去世，隔年他被診斷出有癌症，在康復後，他將99％的財富都捐獻出來，以下是他給年輕人的十個建議：

1. 吃苦讓人一生受益。
2. 一定要做自己喜歡的事。
3. 先思考，後行動。
4. 學會感恩。
5. 不要迷戀錢財。
6. 尊重身邊的每個人。
7. 可以平凡，但不可平庸。

8. 好習慣造就好人生。
9. 收獲必需耐心等待。
10. 責任重於一切。

N 愿行（把善愿化爲眞實行動）是歷代聖賢修證的原動力。

O 福布斯美國富豪榜前40裡，猶太人占了18名，他們有三招讓他們成爲全世界最會賺錢的民族之一：套利、讓利、把錢花在資產；而《塔木德》這本書，也是他們創業與致富的聖經；其中的讓利，也是香港首富李嘉誠的成功關鍵，其實很多公司、企業把這塊做更好的話，能讓生意做得更長久。

P 《格局》一書提到：「一個人的眼界有多高，將決定了未來他能跑多遠，格局越大的人，越能看到別人看不到的機會，越能夠獲得成功。」

有些人問我變好的方法，某次有人不認同要「持續布施」，覺得自己沒什麼錢了，要怎麼再去捐錢？疏不知布施就像潑出去的水，最終會反彈到自己身上的原理，所以他進而提出一些反對問題，當時我想的是本書先前提到的「善者不辯」，再怎麼爭辯，也很難會有好的結果，不是不熱情相助，是有些人需要時間來幫他們證明，事後他們才能了解眞相，所以書裡前面才會寫說要圓融處事，不用辯解太多，當下他聽得懂或願意相信，多數人會樂意傾囊相授，對方聽不懂或不願相信，就不要跟對方爭執。

Q 二十七歲就退休的億萬富翁，並開了很多高階課程的 Dan Lok（駱鋒）說 Ignorance is poverty.無知是一種貧窮。

R *The next millionaire next door* 一書中提到，多年觀察美國六百位富翁，他們和一般人有五大差異：

1. 富人每週比一般人多讀 3.5 小時的書。（5.5h vs 2h）
2. 富人每週比一般人多運動 3.5 小時。（6h vs 2.5h）
3. 富人每週比一般人多工作 6 小時。
4. 富人每週比一般人少睡 8 小時。
5. 富人每週比一般人少用社交軟體（FB、Twitter），甚至不用。（2.5h vs 14h，中間的差距 11.5h，可以做多少事？不要再被遊戲、追劇、手機、電腦綁架了，戒不掉則難以翻身）（上述資料是參考 Dan Lok 的影片再詳加整理）

書名很像的另一本書 *The Millionaire Next Door*《原來有錢人都這麼做》，該書也訪問了 1000 位平均收入爲 370 萬美元的美國人，裡面共有 249 個問題，以下三個問題，居然所有的富翁都回答 yes：

1. 你很節儉嗎？
2. 你的配偶比你節儉嗎？
3. 你的父母非常節儉嗎？

該書在90年代紅極一時，值得重新思考如何妥善的運用金錢；很多富人花錢並非像其他富人揮霍，多數人知道，滿多富人都很低調，怕狗仔來跟蹤，而有些表面富有，僅是不懂得延遲享受，先去借來的，不需要著迷這些形象，眞人不露相，露相非眞人，也不能以貌取人。

S銷量超過1500萬《思考致富》*Think & Grow Rich* 作者 *Napoleon Hill*（拿破崙・希爾）用了近30年採訪了許多億萬富豪，把他們成功方式寫成這本書，並且自己也成爲億萬富豪，以下是書中13條白金法則：

1. 欲望——「缺陷也可以成爲攀登高峰的墊腳石。」、「別受制於『他人的想法』。」、「對成功有強烈的欲望和企圖心。」、「生命中的磨難是解放你無窮才能的關鍵。」
2. 信心——「自我暗示可以產生信心。」、「信心能喚醒你沉睡的成功天賦。」
3. 自我暗示——「人可以透過自我暗示改變人生，主宰命運」。
4. 專業知識——學校學的知識在社會上大多沒用，在社會上學到的知識，才容易讓你把知識變現；知識不等於財富，會使用知識才有可能變成財富（網路上也有說，獨特性的知識才容易讓你把知識變現）。

5. 想像力——「兩種想像力形式@整合式想像力&創新式想像力」、「宇宙由物質和能量組成，往往是看不到的『能量』來決定看得到的『物質』。」

6. 條理分明做計劃——「訂定明確可行的計畫。」、「你的專屬服務值多少？」、「年終自我檢討。」

7. 決心——「不拖延，坐而言不如起而行，要立刻行動。」

8. 毅力——「別讓他人的批評奪走你的夢想。」、「培養不被挫折打倒的意志力。」、「大腦得不受任何負面和消極因素影響。」

9. 智囊團的力量——「在各領域找到你的智囊團，爲你的致富計畫注入動力。」當局者迷，旁觀者清，所以智囊團除了可以是良師益友的建議，也可以想像自己跟自己信仰的神或幾位神明在討論，自己要跳出這個問題本身，用第三者或更高維度的思維去思考，容易得到答案。

10. 性慾轉化的奧祕（Turn sex desire into action）——作者說：成功人士都擁有極強的性慾，這邊應該加上「一部分」會比較恰當；一部分成功人士擁有極強的性慾，性能量是很強的，他們已經懂得把性慾轉移的技巧，也就是說，要懂得把性能量轉化成你的動力；這個世界很多人40幾歲才成功，因爲在40歲之後才學會控制自己的慾望，若能利用這種力量去努力實踐目標，它將會是你致富的推手。

11. 潛意識——「唯有融合了情感的想法才能打動潛意識」，還記得剛才《世界最神奇的24堂課》裡的第2堂課也有提到潛意識嗎？有時你想要一個東西，但潛意識不見得同意，所以你一直得不到，若潛意識協助你做的，才是你眞正想要的；這段可能不易理解，但你得去了解潛意識這一塊，不然本書或其他領域提到的新知識，很難轉換爲已知並讓自己活用）。

12. 大腦——思想的廣播與接收站：「留時間給自己大腦思考。」、「心靈感應確實眞正存在。」

13. 第六感——「第六感即潛意識中的創造性想像力。」一些專家的體悟是：吃葷的人，身上濁氣重，帶有吃掉的動物的意識，有在調整脈輪、打開松果體（第三隻眼）或茹素的人，他們的第六感通常會比較好。

Ps. 第9、11、13的內容是我補充的，並非原著所寫。

T剛才《思考致富》13條白金法則的第11條是潛意識，《世界最神奇的24堂課》的第二課也是潛意識，其實世上已經有人讀懂這兩本書的其中一本，因此而致富了，但爲何這兩本書已經在市面上流通好一陣子了，看過的人裡面，爲何很多人並沒有明顯增加收入？相不相信或環境是原因之一，「潛意識」也是關鍵之一：立普頓教授（Bruce Lipton, Ph. D）

寫了本 *The Biolocy of belief*《信念的力量》，書裡的一大重點就是信念控制著基因，決定基因突變的方向，只要改變了信念，就能改變生活。

信念也和潛意識有關，以下是讀過或聽過變好方法（的書籍），但收入卻沒有明顯增加的原因：

1. 不知道照做後帶來的巨大好處

若未來的自己或自己信仰的神，跟你說你只要每週布施多少錢，每天都要幫助他人，不再批評、抱怨，持續一年後，隔年開始每年收入會增加30萬以上，相信每個人都會照做，而且即使隔年收入只增加20幾萬，但還是很開心；由此可發現，其實大部分的人只是不清楚，持之以恆實踐了這些方法能帶來多巨大的影響，或者不清楚沒去實行的話，不會有什麼改變（因有部分人沒改變，卻期待著更好的未來）；每個人的環境、執行力不同，有的人悟性較高，且抱著篤信的態度去做，很可能帶來的效果是遠超出預期的，有的人抱著姑且一試的心態，偶爾行善，可能讓他大事化小，小事化無了，但他不太會發現不好的事已減少很多，反而可能以爲做了後也沒明顯的變好。

2. 潛意識

如果你的潛意識知道這本書的價值，不用廣告、推銷，即使一本賣三千以上，你還是會排隊去買；若不知本書價值，再好的廣告、推銷，甚至送給你閱讀，你也不見得會去翻閱，所以眞正厲害的行銷是讓人了解它的價值，了解後，此人經濟許可，他不會太在意價格；一般人沒去研究了解潛意識，很多認知會被以前的刻板印象給蒙蔽，這個宇宙還有太多人類未知的事，加上你賺不到認知範圍外的錢，所以要讓潛意識抱持著探索未知，才能養成更好的習慣，進而產生更好的結果；潛意識這點可以涉及非常廣，要提高認知，潛意識是關鍵！

3. 只讀或聽一遍，還沒完全理解

有些人沒有一定要弄懂的求知慾，所以看過後可能理解一些或未完全了解，所以也不太會轉爲行動，若之後有人分享類似的成功案例或他藉由其他的影片、書籍，恰巧弄懂了，他才可能會去執行並產生更好結局。

4. 因緣未到或其他原因

有的人隱形負債沒還到一定的程度，依然會有很多阻礙，隱形負債會阻擋他變好；也有可能此人還有許多慾望，他在沒達成目標前，你約他一起淨灘或爬山，他可能都會拒絕；或者此人過得不錯，因此自滿或覺得已經夠了，沒有必要再提升自己，所以他不會跟你一起健身或練瑜珈。

要阻礙一個人變好的原因很多，要讓一個人變好也很簡單，其實決定權都在自己而已，也可以說，你的潛意識同意了，你就會去行動。

U美國的丹尼．白克雷（Dannion Brinkley）是暢銷書作者，根據自己的瀕死經驗寫了兩本書，第一本是《死亡．奇蹟．寓言》Saved by the light，第二本是《天堂教我的七堂課》At peace in the light，以下是書裡提到的七堂課：

1. 我們是偉大的靈性存有。
2. 我們自己選擇來到這裡是爲了讓人類更好。
3. 我們被選中來而這裡。
4. 每個人都擁有豐富的天賦與才能。
5. 活在當下。
6. 我們被視爲無價之寶。
7. 沒有任何人的人生是浪費的。

V年初有位教練尋問我某個趨吉避凶工具的效果，我給他很客觀的分析，再請他自行評估，因爲通話中他有提到他補財庫的事，通話完後我就在思考，到底這是否像我以前所猜測的（那時還不太會運用吸引力法則），人們去祈福、補財庫，因爲大家都期待做完後的效果，有強烈的預期心理，所以吸引力法則的關係，真的滿多人做完後業績提升了，或者賺了更多錢了？在都沒有搜尋相關話題的情況下，當晚跳出了兩個月前熊貓周周的一個影片「千古奇書《漁樵問對》」，點進去看了後，再去研究漁樵問對，發現以下這段可解答很多人的疑惑！

樵者曰：「人有禱鬼神而求福者，福可禱而求耶？求之而可得耶？敢問其所以。」

樵夫問：「有人祈禱鬼神來求幸福，幸福可以通過祈禱求來嗎？求了就會得到嗎？是什麼原因呢？」

曰：「語善惡者，人也。福禍者，天也。天道福善而禍淫，鬼神豈能違天乎？自作之咎，固難逃已；天降之災，禳之奚益？修德積善，君子常分。安有餘事於其間哉！」

漁夫答：「能分辨善惡的，是人。能帶來福禍的，是上天。上天把福氣賜給行善的人，把災禍降臨給淫亂為惡的人，是鬼神就能違背上天了嗎？自作孽，不可活；上天降災於人，人躲避有什麼用呢？所以積德行善，是君子應作的本分。君子哪裡還有空閒去做惡事呢？」

樵者曰：「有為善而遇禍，有為福而獲福者，何也？」

樵夫問：「可是，有的人行善卻遭遇災禍，有的人為非作歹卻在那裡享受，這是為什麼呢？」

漁者曰：「有幸與不幸也。幸不幸，命也；當不當，分也。命一分，人其逃乎？」

漁夫答：「這是有幸與不幸的區別。有幸還是不幸，是命中註定；當為還是不當為，是人應做的本分。命運和本分，人怎麼逃脫得了呢？」

曰：「何謂分？何謂命？」

樵夫問：「那什麼是本分？什麼是命運呢？」

曰：「小人之遇福非分也，有命也；當禍，分也，非命也。君子之遇禍，非分也，有命也；當福，分也，非命也。」

漁夫答：「小人遇上福氣，不是他應得的，而是他的命；碰上災禍，是他應得的，不是他的命。而君子碰上災禍，不是他應得的，而是他的命；碰上福氣，是他應得的，不是他的命。」

《漁樵問對》是北宋五子（邵雍、周敦頤、程頤、程顥、張載）之一——邵雍的著作，其中他的〈梅花易數〉也是相當知名！裡面的64卦也是博大精深，是高深又厲害的著作！而《漁樵問對》也是讓人驚嘆邵雍高智慧的一本書！書中藉由樵夫、漁夫的對話（自問自答），將天地、萬物、人事、社會歸之於易理，並加以詮譯。

W托利得定理：要看一個人才智是否上乘，要看他腦子裡能否同時容納兩種相反的想法。「The test of a first-rate intelligence is the ability to hold two opposed ideas in mind at the same time and still retain the ability to function.」 by F. Scott Fitzgerald

X提到巨石，最知名的英國巨石陣（Stonehenge），它是西元前二〇〇〇年建造的；而美國在一九八〇年也有巨石陣，42年前，由一位用假名，出資巨款聘請「喬州埃爾伯頓花崗岩整理公司」來建造，名爲喬治亞引導石（The Georgia Guidestones），位於喬治亞洲，四塊石碑的八個面，分別使用八國語言鐫刻一樣內容，頂碑四個側面是用古代四種文字（古希臘文、梵文、巴比倫楔形文字、埃及聖書字）寫著：「讓這裡成爲一個理性時代的引導石。」以下是八個面當中，中文的內容，我把它加上編號和標點符號：

1. 保持人類五億以下，與大自然永恆共存。
2. 明智地指導生育，增進健康與變化。
3. 用一種活的新語言來團結人類。
4. 用沉著的理性來控制熱情、信仰、傳統及萬物。
5. 用公正的法律及法庭來保障人民與國家。
6. 讓所有國家自治在世界法庭中，解決外界的糾紛。
7. 廢止瑣屑的法律及無用的官員。
8. 讓私人的權力與對社會的義務保持平衡。
9. 珍視眞、美、愛，尋求與宇宙和諧。
10. 不要做地球上的毒瘤，給大自然留點餘地，給大自然留點餘地。

目前大眾依然不清楚立此巨石的人或團體是誰，不論是網友說的共濟會、光明會、外星人或其他，巨石上第一點就和上天說的，目前處於六萬年大清算吻合，所以你必須知道，特定高層團體或上天都有能力控制人口，執行去蕪存菁的計劃，不要說保持五億以下，如果40年內，要保持六十億以下的人口，你覺得要憑什麼才能留下來？

海平面逐年上升，之前就有科學家提出，某些靠海的城市到了哪一年就會被淹沒的論述，如果你是這個世界的造物主，面對道德漸漸淪喪的情況下，你要去蕪存菁的話，是不是也會先把破壞大自然的淘汰？這十點的最後一點，希望眞的有喚醒大家的環保意識，例如少用塑膠帶，購物請自備袋子，不要在海邊製造垃圾。

Y《周易》是根據周文王主編的「易」的著述而來，《周易》裡有提到「窮則思變」，意思是在困境時，會想改變現況以求發展；這句若解釋爲貧窮時要思考如何改變，也是十分貼切的！要想更好，就得「思變」，若只是在舒適圈，求安穩而沒野心，沒勇氣突破，沒正確思維、行爲，要變好是較不容易的！

Z「老高和小茉」做了一期「十年內會消失的行業」，是根據二〇一三年九月牛津大學兩位教授寫的論文，針對七百多個職業進行評估，結果說未來十年將會有一半的職業消失，以下是影片裡提到的職業：

1. 司機
2. 實體店店員（特斯拉已宣布，要把所有賣車店無人化）
3. 翻譯
4. 模特
5. （體育賽事的）裁判
6. 一般事務員
7. 程序員
8. 消防員、警察
9. 醫生（現在不會消失，以後會消失）
10. 建築工人、農夫、會計、簿記（bookkeeping）。（送貨服務：此項爲 Dan Lok 所提出的行業。）

像我之前兼職十幾年的網球裁判，它像是接 case 的工作，裁判長或裁判組長有找你，你有空可以配合的話，自己可選擇要不要去；在台灣、日本，大多是退休人員在做這份工作，之前一起工作兩年多的西澳網球協會成員，因爲西澳比賽較少，所以大家全都有自己主業；很多球迷都知道，去年、今年的澳網，已經全面啓用鷹眼，不再需要線審，且新聞也報導，選手的回饋多是正面的；用會內賽一場最少需七位線審來算，除了住在墨爾本的當地裁判，大會供給外地裁判滿棒的住宿，少了上百位的線審，澳網的會外、會內賽能省下不少費用。

就現實面來看，上述行業在不同國家，有些沒那麼快被淘汰，你正從事上述行業或有打算之後要從事這些行業嗎？得再仔細評估了，現在時代變化太快，提早做好準備，方能有備無患。

重新認知人生、金錢、人性

一、人生篇

二〇一四年有部十分鐘的動畫，名為 *Dinner For Few*《少數人的晚餐》，啓發自導演眼中歐債底下的希臘社會，這部得到78座獎項，入選二〇一五年奧斯卡動畫短片決選，動畫反映了眞實的社會面，內容無文字，最後快結束前，原本招牌上面寫的是「Hotel」，經過閃電一閃，瞬間變為下圖的「Hell」，也就是旅館變為地獄，沒看過的讀者不妨抽空看看，看不太懂的話，網路上有不同網友註解。

簡單的說，這世上大部分的事，是大財團、政治家、有心人士精心設計，呈現想要讓大家看到的一面（例如新聞或是美國一開始隱瞞一些外星人事件，近年才公開承認。），也像《鬼谷子》一書中所強調的「牧」～這世上有一小部分的牧羊人，操控著大部分的羊群；你只看表面，還跟著起舞的話，一來沒用智慧去判斷眞實性，容易被洗腦被操控，讓有心人士達到目的，二來若跟著批評會造口業，三來可能跟家人、朋友產生糾紛；許多成功人士或富人，厲害在於他們能快速的看穿事物的本質或背後的眞相，這點是一般人較欠缺的，但欠缺的話，就會像現在，很多人依然被很多事蒙在鼓裡，即使跟他們說明眞相，他們也不見得相信，被操控的人不覺得自己被操控，也不知道自己被操控，甚至不相信自己被操控，這樣的一大群人，他們大多不會過得比在頂端的人還好，不是嗎？

網路上早有影片揭發了眞相，只是看了影片後，會去避開精心人士設計的陷阱的人，可能沒那麼多，因爲這就是人性，會把在舒適圈做的事合理化，上班上了一整天了，休息、娛樂一下有錯嗎？只是很多人拿捏不好這個分寸，爲何近年網路、手機遊戲、短片（抖音）、綜藝節目、追劇愈來愈盛行？因爲只要製造大量遊戲、戲劇、短片，可以讓一般人戒掉對生活的不滿，讓他們下班時間沉浸其中，產生小確幸和滿足，並消磨他們要更上一層樓的意志。

若把人生比喻成一個遊戲的話，其實這個遊戲的本質，人=靈魂＋肉體，肉體損毀不堪使用後，必需換個肉體，所以人死了後，台語叫做「過身」，也是再換過一個身體的意思，目前大家生長在四大部洲的南贍（音同善）部洲，這裡人的壽命是以一百歲爲基準，但因爲造業和較不重養生的關係，所以大部分的人活不到百歲；此外，也只有這裡有佛出世，並且目前這個年代是位位都可變天使的時代；關於時空，釋迦牟尼佛對「三千大千世界」的看法是：須彌山是中心，日月都圍繞著下圖的須彌山運轉，外圍有鹹海和四大部洲，東勝神洲、西牛貨洲、南贍部洲、北俱盧洲，這樣是一小世界，一千個小世界組成一個小千世界，一千個小千世界組成中千世界，一千個中千世界組成大千世界，加上其他宇宙有不同的生物和更高科技，可見這個宇宙有多浩瀚，人類有多渺小！

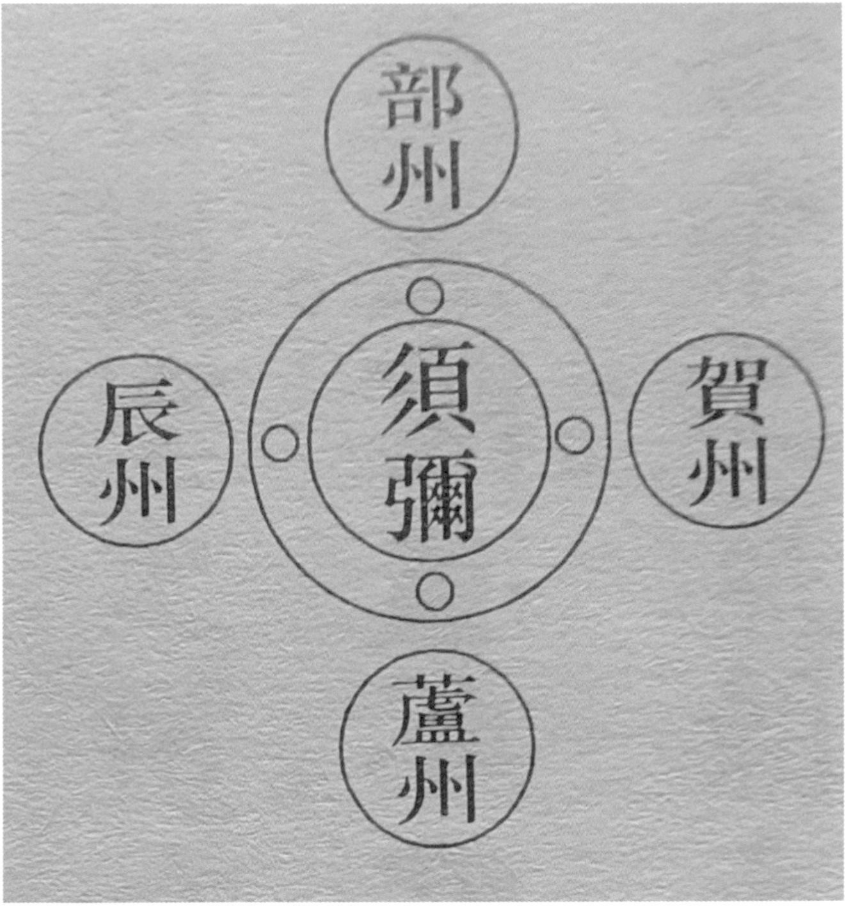
部州
須彌
辰州
賀州
蘆州

這個遊戲的宗旨是要提升靈魂的等級，進入更高的維度，無論是哪個星球的生命，肉體終將毀壞，所以靈魂必須尋找另一個棲身的軀殼；在地球肉體毀壞後，要去十殿閻君那邊接受審判，依照這一輪的加分減分來判定，修成正果且有得道的話能成佛，其他人若加分大於減分，進入六道輪迴的三善道投胎，減分大於加分，則進入三惡道投胎，也就是所謂的畜生道、惡鬼道、地獄道。

這裡有個小 bug，進入投胎前，人人得喝孟婆湯，現今已被報導出有些人眞實的擁有部分前世記憶，但重點是若不喝孟婆湯，人人都擁有前世記憶的話，這人世間會大亂，因爲太多人有相當深的執念、執著（例如喜歡或討厭某個人），小時候就吵著要大人幫自己復仇，除掉前世的仇人，這世間會亂成一片啊！

很多人都會覺得，來到這人世間太苦，加上了解人生的本質後，有些人自然不想再次輪迴和投胎轉世，但大家必須先了解，因爲靈魂不斷的在每一世種下了因，做了許多扣分的行爲，且有各種慾望，所以會回到地球，持續的來還隱形負債；若眞的還清了，可以不用再回到地球，但記憶被洗刷後，因緣較好的人，能藉由行善、修行來掙脫枷鎖，其他人則是大多爲了名、利，光是一個名叫金錢的工具，就足以讓多數人忙碌一輩子了，那裡記得曾經想要擺脫迴輪？

這個遊戲的大多事物，實際上是能藉由自己意識創造的，但由於維度不夠高，所以不能立刻創造出來，一般人不了解或不相信，加上特定人士編織了一個假象的世界，所以多數人被花花世界和金錢給困住了！沉迷於人世間的金錢和許多影片、電玩遊戲，臨死前或死了後，才會發現這一輪遊戲中，爲何要爲了金錢不停的工作？爲何我花了那麼多的時間在沒實質意義的事物上？才想著下一輪遊戲，我要好好的遵從這個遊戲的宗旨，不知不覺就過了地府的幾十、幾百萬年，走在奈何橋上，準備投胎了。

某次看到一個影片，二〇一四年有位南印度孟買蘇邁亞大學（Somaiya Vidyavihar）的學生詢問達賴喇嘛：「21世紀有70億的靈魂（他是指70億的人口），上個世紀的人口較少，那麼本世紀多出的靈魂，之前在哪裡？」第一次聽到這個問題，滿有意思的，達賴喇嘛後來回答：「我們眾生就像其中的遊客一樣，我們在其他星球受夠了，但又不知何故來到此處，在此看到了種種問題，感覺受夠了後，再去其他星球。」

在眾生無止盡的輪迴中，很多靈魂在三惡道來回，好不容易這一世投胎爲人，但因爲環境關係，自己不精進，死後又去了三惡道幾回，之後才又重新投胎爲人，所以很多靈魂當過動物和人，只是21世紀較多的靈魂，他們積分累積足夠，能夠投胎爲人；佛陀曾在恆河岸邊抓了一把沙子再撒掉以後，跟弟子說：「失人身者如恆河沙，得人身者如手中沙。」佛經裡也說：「能成爲人，這種緣分是非常少的，很不容易」！當然我也知道一般人要理解或相信這些不容易，多數人可能都會認爲，此生就已經得到人身了，爲何會說投胎爲人是眞的非常不容易呢？

知名的一九七四美國羅斯威爾飛碟墜毀事件裡，根據存活外星人的說法，「進化論」這東西是荒謬的，但這不是重點，重點是幾千年以來，唯有老子和釋迦牟尼佛，能逃出遍布銀河系的一種電子過濾網捕獲，不用經過電擊洗腦！

古代產生了兩位超級玩家，而且也有許多頂級玩家被封神，得到果位，所以人生這個遊戲，不再像古代那麼難了；所有人都一定有機會接觸到善根，或者有善因緣，但要不要把握就看當下，有的人或許一生就僅有1、2次的機會，但他們把握了，有的人一生有10幾次以上的機會，但他們都不把握，是眞的非常可惜，但這跟台灣這一、二十年詐騙愈來愈氾濫也有關係，以前民風純樸，後來詐騙事件愈來愈多，使得人與人之間信任感大幅下降，防備心加強許多。

人生這個遊戲還有一個重點，就是要先把肉體顧好，才能繼續進行遊戲，也就是要有一定程度的重視養生，才不會提早出局，但是這個時代的人，大多在年輕時不太注意養身，身邊即使有親戚或好友的身體出狀況或去世，很多人可能都是那一陣子會較警惕自己，甚至有的也一樣不在意，想說還不會輪到自己；曾有護理師尋問許多壽命剩不到幾個月的病患，問他們現在最想做的事是什麼？有的人想跟家人聚聚，有的想要利用剩下的生命去些還未去過的地方，許多的答案當中，沒有人回答要繼續工作！但一般成年人把大多的時間花在工作上，但卻很少人懂得人生的本質，基本上懂得本質的人，不會把大多時間花在工作上，因爲「人生」這個遊戲，也像書中提到的，最終能帶走的只有功與過，人生每個階段的體驗，都可以是很好的享受，100%是可以自己掌握命運的，但因爲認知不足，眞的不夠了解人生這款遊戲，所以把主動權交給別人，或者被名爲金錢的工具支配了命運，或者把自己的心情交給別人掌控，明明所有事物的好壞都是自己認定的，但很多人因爲另一半不開心、被老闆唸、被朋友說壞話之類的，就打壞了一整天的好心情，進而讓自己難過、表現不佳，或者因爲被拋棄、寵物過世而難過好一陣子，不是不能難過，就更高階的看法，被拋棄代表你只是還沒遇到正緣，代表你在未來能遇到更好的對象；生老病死是每一天在各地都在發生的事，若能早日離苦得樂，下一世投胎換到更好的肉體，你應該要給予寵物祝福，並爲牠感到開心，不要難過太久。

人生這個遊戲有密技，原理是借力使力不費力，可以借助更高維度的幫助，雖然國外有高層借助外星人的力量來發展軍事，但這塊是一般人無法借力的，可以先不用往這塊去思考，有外星人說：「《愛麗斯夢遊仙境》、《唐吉訶德》、《一千零一夜》這三本書揭示了一個道理，就是擁有一個偉大的靈魂和創造力，遠比掌握一項重要的技能或者權力更爲重要」！看了那麼多的富人思維，你能了解「偉大靈魂和創造力＞重要技能或權力」嗎？這段套用在下面這個問題，能得到答案。

曾有人提出，若假設把世界上所有人的財富均分，富人的財產減少了，窮人的財產增加了許多，請問若干年後會變得怎樣？經濟學家的答案是：富人一樣會成爲富人，窮人一樣變回窮人，這其中的主因在於思維不同，因爲富人一樣會創業、買資產，想辦法創造被動收入和多種收入，窮人很可能會享樂，繼續工作，省吃儉用，比較不會去買資產，這樣的一個例子，你明白其中的差異性嗎？沒有第一時間理解的話沒關係，先喝口茶，休息一下，因爲本書裡面非常多重點你得弄懂，沒弄懂跟卡關有點類似，嚴重的話就像等級卡住上不去，唯有不斷升級，你身邊所有的事才會愈變愈簡單，很多事你不是先知先覺的話，那麼你會處於比較被動的情況，像有些人後知後覺或不知不覺，他們會被拉開差距，很難追上這時代的趨勢；但如果擁有偉大靈魂，能做出合乎正確的決定、解決難題，有創造力，能創造出財富和資產，所以即使大家的起跑點相同，有重要技能或權力，不見得能來到頂端，有偉大的靈魂和創造力，較容易脫穎而出。

仙佛和外星人都說過：「這世上一切都是假的。」網路上有一些參考資料，你需要多久時間才能眞正理解這句話呢？

其實眞正能借力的方法，也是第一項密技，就是借用高維度的智慧！要如何增長智慧？「不經一事，不長一智。」所以這要靠經歷磨練；佛的智慧太廣泛太深了，簡單的說，要學習佛心，學佛怎麼處世、怎麼待人，只要效法去做，瞬間你以前或現在的難題，大多能迎刃而解；佛沒有分別心、比較心，對待萬物一視平等，但人呢？分國家、分宗教、分黨派、分小團體，比較成績、比較業績，「人比人氣死人」，爲何要拿自己的小孩去跟別的小孩比較？計較朋友對他比較好，對我比較不好？其實大多的煩惱都是自己造成的，你再翻到目錄，淨下心來，看看每一項標題，第一項寫的「了解因果＋轉念」，你眞的知道這世上發生的每件事，必有其原因，加上能轉念，能放下，光是第一項看懂了，相信並理解，其實可以放下許多煩惱，許多問題自然能解決，再加上裡面那麼多標題、內容，A～Z裡面提到的暢銷書，裡面那些細項也都是能幫你開啓光明的鑰匙，眞心希望你能藉由此書找到更光明的人生。

爲何開頭會說台灣是全世界能量場最高的地方？以探尋地穴能量聞名國際的荷蘭科學家亞柏已證實，台灣被最強神秘能量包圍，他以特殊的工具探測棒及計算方式，在台灣的土地上檢測能量，銅質的探測棒透過順時鐘或逆時鐘旋轉的方式，除了幫助判斷何處有地穴點，還可以告訴該處地穴點的能量類別及大小，適合用來進行哪一種治療及能量的提升，結果發現台灣躍居他所測試國家的第一位，極可能成爲世界各國中，最適合用來進行靈性治療的地方；探測也有發現幾個台北的公園，土地能量驚人，尤其是南港公園，只要民眾常散步，配合冥想靜心，就能吸收大地精華，提升免疫力，達到身心平衡的階段，效果比森林浴還要好！在南港公園一小時，勝過森林浴一整天（此段摘錄：YouTube「Buddha Says」）。

第二個密技，也是99％以上外國人都不知道的，台灣有許多叫做「X城」的地方（國外也有，但不多），裡面的能量場高於南港公園！你在裡面聽課，你的隱形負債可以在門外聽課，聽久了，隱形負債聽懂道理，變得明理了，祂們可能願意放下，不再找你討報，以前知道此事時，我沒太大感觸，但現在寫這本書，才發現這點實在是太厲害了！綜觀人生這款遊戲，若能先以此方法或累積功德來減輕隱形負債，接著你要賺錢、做其他事自然更順利，但一般人不知道這個密技，所以以前懂得以大眾利益為優先的人、多做善事的人，成為了一帆風順的一群人。

密技三，是要安裝五行旗中，正確顏色的保護旗，因為另外四種是不好的，代表原本註定可能發生的災劫，但這一支保護旗對一般人來說不容易取得，但對於了解、相信人生這個遊戲玩法的人來說，是相對的簡單，因為他們只是做了該做的事，通常需要一段時間後，就能去申請這支保護旗了。

雖說也有方法，能瞬間取得接近11年的修行，且知道這點的人也大有人在，只是能完成的人更少，或許時機未成熟，我會再謹慎的評估，眞的可以公開的話，我會寫進後年出版的第二本書裡。

目前世界約有近80億人口，這三個密技不到1億的人知道，雖然印度有超過四億人口吃素，大約占印度人口31％，是未來有高機率崛起的大國；根據密技1＆2，測出台灣土地能量強，且目前有上萬個高能量場，加上台灣人比較會普渡的，讓在人間的亡靈較少，說台灣是全世界能量場最高的地方，應該不爲過！你看完本書後並去實踐，在這幾年財富重新分配的情況下，不就等於你有更多機會，比以前分到的財富還多嗎？很多事都只是你要不要做而已，這幾年也有一個說法：很多人每天都做差不多的事，但都期待會有更好的結果，這樣會合乎邏輯嗎？說穿了，必須做讓自己變好的事，才能改變命運啊！綜觀本書提到這些案例，仔細想想就能知道，高手想的事情、專注的事情跟一般人不一樣，且有冒險精神，所以造就了他們現今的成就，換句話說，你學的知識大多人也都知道，你想的事情也跟一般人想得差不多，所以要優於一般人，要想得不同，學得更多，且要勇於嘗試，不能只有空想；而探討此事的底層邏輯，也就像馬雲說的，改變是痛苦的，不改變會更加痛苦。

在工作上，把你淘汰的有時不是你的競爭對手，而是時代和科技的進步，你目前會的技能，能否讓你在工作上，未來十年內都不用擔心？

俄羅斯非常紅的實境秀《通靈之戰》已播22季，第14季有33%的高收視率，節目請來一些通靈者來破解謎題，有些看似不會通靈，上節目製造不錯的「笑」果。重點是第15季的冠軍茱莉王在不同事件，被家屬找去私下詢問，她都跟家屬們說：「死者希望你們放下仇恨，積極的活著，不要再想著報仇了。」爲何死後往往能看開、放下？活著的時候不行？很多人爲了仇恨或嫉妒活得不自在，若眞的復仇了，那又如何？要每一世都互相糾纏，搞得雙方都傷痕累累嗎？想過得更好，放下是其中一個方法；別人對你不好，是前幾世你也用類似方式，甚至你用更惡劣的方式待人，只要現在你了解因果，懂得放下，用最高境界的惡緣轉善緣，有機會讓仇人變爲貴人，這樣應該有比原本的結果好吧？

這邊也要感謝古阿莫、Psyman和一些創作者，他們用心做了許多電影、實境秀的菁華，讓很多人能省下時間，我也喜歡看電影、玩電腦遊戲，但人生有更多更重要的事可以做，所以我用兩倍速來觀看，不但有很好的體驗，也能省下時間去做更多利他的事，人生可以有更好的取捨，且人生並不是只來玩樂和工作，希望每個人都能看完本書或YT高維領域後，找到更好的軌道。

二、金錢篇

網路上有個論述說：「金錢本身沒有價值，它的價值主要取決於你怎麼運用。」富人若把錢拿去賭博、買奢侈品，這些錢沒有得到充分的利用，它的價值不高；一般收入的人，若妥當的把錢運用在孝親費、捐款上的話，錢雖然較少，但它的價值高很多；有些人把金錢看得太重，所以越想要賺錢，有時越覺得賺錢很難，變成所謂金錢的奴隸，這跟他們對金錢的認知有很大的關係！本書前面有提到金錢只是工具，那如何駕馭這個工具，而不會成爲工具的奴隸？

這邊提出個重要的觀念，「重視並妥善運用金錢」：某次李嘉誠從身上掉了一枚一塊錢，它滾向了水溝，李嘉誠彎腰要去撿，有位服務員看到，幫他把這個銅板撿起來，李嘉誠很開心，給了這個服務員一百元港幣，事後有人尋問李嘉誠爲何要這樣做？李嘉誠的觀點是：「若不去撿這一塊錢，會失去它在世上的價值，而給服務員一百元，他可以拿來使用，發揮一百元的價值；錢可以拿去使用，但是不能浪費。」

其實這也跟吸引力法則有關！有句話是大家都知道的「你不理財，財不理你」，相對的，你若不重視金錢，金錢也不會重視你，但這邊所說的重視金錢，並非視財如命或是行爲舉止像個守財奴，也不是一心只想賺錢，存錢，很少捐錢；看完前面那麼多的原則、觀念，因爲金錢也有能量，每個人都像磁鐵，你能量愈高，愈會行善，愈孝順，對未來趨勢洞察力愈好，累世福報很好的人，自然賺得愈多，相反的，愈是斤斤計較，沒在布施，不懂理財，喜歡借錢來享受的人，也愈容易爲錢所困。

要想不被爲錢所困，自然也要懂得妥善運用金錢！網路上有很多教導運用每月薪資的方法，例如每個月的孝親費固定一個金額，貸款的每月還款或繳保險金額，盡量不要超過月薪的30%或40%，每個月拿月薪的20%來定期定額投資，每個月固定捐3千、5千之類的，上述提到的比例、金額要依自己目前的環境來調整，沒有絕對，只是要讓自己有完善的規劃，身邊也要留有急用金，不好好理財或善加運用，只是把多餘的錢存銀行，就現在高通膨的時代來看，存款是持續貶值的。

很多人都想省錢，包括以前的我也是，我大學畢業就背負了近40萬（約1萬3千美金）的助學貸款，而且還得當兵一年，退伍後才能開始工作慢慢還，所以我當時也是斤斤計較一族，但根據我這半年多搜集的資料，富人和窮人還有一項差異，就是「富人比較會花錢」，這裡是指富人比較懂得把錢花在資產上，而窮人往往把錢花在必要開銷和「負債」上，《窮爸爸富爸爸》一書中，就說明了何謂「資產」，何謂「負債」，懂得花錢，也是懂得活用金錢的意思，所以才讓富人愈花愈有錢，有的人甘願當守財奴或只把錢放銀行，依照萬物守恆定律，錢在流通會比較有能量，還是錢一直放在保險箱裡不流通會較有能量呢？

其實以現在的我來反觀自己，以前的我很可笑，小時候奶奶就跟我說吃的不要省，但我在20幾歲之前，因經濟較拮据，沒把奶奶的話聽進去，實爲後悔；因爲就像一些影片說的，省下的錢，在富人看來，根本沒多少錢，萬一一個不小心，生病而不能工作或被開罰單，讓你把省下來的錢又都花出去了，怎麼省錢那麼難？如果你把你一生中最大開銷的前三筆費用，多省一些下來，這樣有沒有抵過你平時東省西省？

若買房、買車這些能省下來幾十、幾百萬台幣，讓你平時有需求的必需品就買，一切消費不用在意價格，這樣是否更有效率？即使你把從小到大的伙食費、娛樂費都省吃儉用，應該是不會超過50萬，但因爲在不對的時機買房，或是像許多買方被房仲卡價，他們爲了賺足6％的佣金，你在不知情的情況多付了超過50萬的仲介費或者成交價比屋主原先預期還高50萬以上，這樣子有比較省嗎？天運在變，去年4月國外3D打印房屋剛上市就完銷，打印房屋或是在蛋白區買塊農地和貨櫃屋（或標配的組合屋），都比現行的房價便宜一半以上，像藝人宥勝就打造了迷你屋，一家過著大自然田園生活；若你不是剛性需求，一定非得住在市區、別墅、高樓的話，可以仔細考慮農地＋精緻組合屋的組合，貨櫃屋可以改造成內部很高檔或自己喜歡的風格；3D打印房屋不知何時會引進台灣，但未來有人把它引進台灣的郊區，能讓許多人減輕負擔，看看上一輩，許多人下半生都背著沉重的貸款，超過65歲的日本人，大多還在工作，這眞的是合理或你想要的生活嗎？

汽車部分，如果你近期要買車，預算夠的話，眞心建議直接買電動車，光是環保問題，加上未來絕對是只有電動車的存在，何必買了又要因爲烏俄戰爭後，居高不下的油價來煩惱？但這是其次，重點是爲了地球，你格局大、眼光遠的話，目前台灣充電站還不夠多的小缺陷，並不是問題，若執著或放大一些問題，這些問題將會持續困擾著你，而你愛護地球的心，會讓你更有福報！

你看懂這本書，加上你的認知有拓展，如果世上所有人大幅減少做扣分的事，或許未來人口不會減少那麼多，但如果跟現在差不多，當未來某段期間突然減少了幾億以上的人口，房屋過剩，加上3D打印房屋的技術進步，許多人就不用再爲了房價煩惱；很多事不見得必然發生，因爲每個人的作爲，造就了自己未來的命運！想要更好的未來，遵循宇宙法則＋利他行善是唯一捷徑。

金錢，只是工具，雖說沒錢萬萬不能，而且要有節儉的美德，但過度節省會本末倒置，且會影響到自己的人際關係，所以客觀的說，金錢觀得學習李嘉誠重視金錢的精神，且要活用金錢，錢是眞的夠用就好，也不用留太多給下一代，因爲可能會有爭家產，或者易導致獨子失去奮發向上的力量，不求上進，若忘了司馬光家訓，請再翻回前面，看一下司馬光的家訓是怎麼寫的；金錢的本質是該用就用，存款夠的情況，要讓錢流通，眞的要把握每一個捐款的機會（不包括捐給購買葷食的）。

一些人跟以前的我一樣，會想說台灣詐騙那麼多，捐給路邊乞討的人，不知道他是不是詐騙的？但這件事的本質是前面有提過的，「眞布施不怕假和尙」，布施取決於你的心，對方是眞是假，有沒有騙你，是他的問題，所以要把握每一個可以布施的機會！要像巴菲特說的「不要迷戀金錢」，一旦成爲錢的奴隸，這個人瞬間被框住了，也容易成爲老闆或惡魔的奴隸。

29 歲的 Sam 是一位住在巴哈馬的 vegan（飲食習慣爲全素），也是位億萬富翁，他當初發現比特幣國際匯率間的價差，而運用加密貨幣交易（crypto）來致富，抱著 earn to give，賺錢是爲了布施的理念，他從小就想成爲富人，原因是想把錢捐給慈善機構，他在二〇二一年捐了 5 千萬美元，並計劃今年要捐 5 億美元！他不像一般的富人，他開的車是 Toyota 的，並非任何名車，他目前也提供資金給「全球暖化」、「動物福利」；Sam 想把錢捐給慈善機構的心，和馬斯克做了造福人類的事～研發火箭上火星、腦機接口、電動車，這注定了他們會成功，因爲純粹只是爲了自己的話，在成功路上會少了很多助力；雖然馬斯克有炒虛擬貨幣之類的負面消息，但近年有滿經典的一段話：「你能賺到的錢，是你對這個世界認知的變現；你所虧的錢，也是你對這個世界認知的缺陷。」關注八卦、政治、負面消息，對你的成長沒多大幫助，但聚焦在全球成功人士或全球時事，能培養同理心、仁德、宏觀遠見，能提升你的認知。

大家都想賺錢，但沒弄清楚這些法則，有時可能難有突破性的進展，一旦你賺錢也是爲了父母和回饋大眾，且眞的賺到較多，有去實踐自己的初衷，如此賺錢能變得較簡單，自然會有很多助力；稻盛和夫的書裡有提到，想要賺錢，需放下「僥倖」、「自私」、「抱怨」，上述這些，其實重新弄懂金錢的本質和吸引金錢的原理，足夠讓你增加收入了，但如果未來某一天，所有貨幣停用，進入一個信用價值的新時代，你會覺得之前辛苦努力工作都白費了嗎？

「做爲貨幣的金錢將廢止，進入信用價值的新時代」，這是我第二次看到類似的理論，也有人說你讀完《小島經濟學》，就會了解爲何《窮爸爸富爸爸》的作者羅伯特清崎和房產大亨 Grant Cardone（參加美國實境秀《富豪谷底求翻身》第二季的主角之一）說鈔票的價值將會崩盤，看到這邊，你會覺得有錢人的世界，他們的看法很奇怪嗎？其實認知愈廣，心靈和實際的財富也都很充足的話，一旦未來發生貨幣被廢止，你也能坦然面對，不那麼大驚小怪。

還有一個承載金錢的重點，有的人賺幾千萬沒問題，但某一年的財富達到上億或更多，他的健康就出問題，或者發生某個事件導致他破產，甚至離開人世，這點也得非常留意！雖說有些人覺得富人捐款、做慈善只是剛好，主要是為了避稅，但就承載金錢的角度來看，並非每個人都能承載那麼龐大的財富，所以錢真的是剛好就好，若能賺得多，捐款也多，會像剛才提到的年輕億萬富翁 Sam 一樣，沒有問題；但賺得多，大多想留給子孫或有其他個人打算的話，就得非常留意金錢承載這個問題了，簡單的說，你的福德夠，隱形負債相對的減少，有在捐款，不用擔心承載大量財富一事，但有些人是靠反向思維投資、準確預判風口、做八大的方式翻身的，就得留意此問題了，承載金錢一事是有一些實際案例的，但只要妥善的運用金錢，讓這個工具流通，讓它能幫助到這世上有需要的人，實際上是不需要擔心的。

三、人性篇

在更了解金錢後，也得了解人性，還記得前面有提到自律是違反人性的事嗎？三字經裡的開頭就提到了人之初，善本性，很多人也知道人性本善，但爲何現在的人心難測，眞正善良的人，不容易遇到？大家來到了這個被設計過的花花世界，因爲環境的關係，很多人沉淪了，失去了赤子之心，想想所有愈小的孩子，愈是純眞，不是嗎？所謂物以類聚，只要你夠善良，自然能慢慢吸引愈來愈多善良的人接近你，你得花些時間思考，你身邊有幾位能當你的心靈導師？平時的相處當中，到底有沒有人能給你中肯、不錯的建議？這種朋友不到三位的話，得趕快自立自強，自我奮發向上，提升自己並去結交等級更高的朋友了。

人性通常是很好預期的，因爲大多人喜歡舒適圈，所以生活穩定就好，很可能不會再去想說我要創業、做更多利益眾生的事；舒適圈也是一個很恐怖的藉口，光是一個舒適圈，就能把許多人困住了，一旦習慣了舒適圈，在沒必要的前提之下，你會主動離開舒適圈去吃苦嗎？

意志力堅強也是反人性，看看所有富豪或企業家，你覺得他們有可能不自律、意志力薄弱，就能成就一番事業嗎？探討一個問題，必需找到根本原因並加以改善，所以許多人不願面對問題或逃避問題；愛因斯坦幫「瘋狂」下了一個定義：一次又一次的重複做同樣的事，卻期待會有不同的結果，這個定義可以套用在不同的地方，套用在現代，許多人想賺更多錢，但又敵不過有心人士操控和通膨，最後暫時放棄抵抗，也很貼切，說穿了，不是沒有方法能戰勝，是你沒找到更好的方法，或者你同時也在做一些讓自己被扣分的事，甚至你跟幾年前一樣，沒什麼改變，所以日子還是差不多。

生活中可能不定時會看到一些不同的名言，當大多的名言放在一起時，卻能從中找到一些規律，你有發現，大多成功的方法，都是違反人性的嗎？換言之，符合人性的事，很多都會讓你難以翻身，不是你不夠努力，是因爲時代不同了，有更好的方法，這幾年都在說「選擇比努力還重要」，有些人可能還在「天道酬勤」，靠努力打拼來改變命運，雖說勤勞有一定的效果，但就像網路影片說的，勤勞有效的話，現今許多底層的工人都應該成爲富人了，不是嗎？很多人是因爲選對道路，讓自己事半功倍，你應該也想更有效的運用時間，讓自己有充足的時間來做好之後的規劃吧？並不是說不能休息，不能享樂，你眞的想提升生活品質，就得更了解這世界的眞相，做出反人性的選擇，因爲順從貪婪的人性，實在難以翻身。

二〇一五年有部電影叫 *Experimenter*《實驗者》，是在講著名的「米爾格倫實驗」（權威服從），是心理學家 Milgram（米爾格倫）教授設計，目的是測試在面對權威者下達違背良心的指令時，受試者拒絕的力量有多大；一九六一年的七月，實驗是兩位參與者分別扮演老師和學生，處於不同房間，但能隔著牆壁互相溝通，進行體罰對學習行爲的效用，老師會拿到一台電擊控制器，旁邊有實驗人員（如下圖），學生答對，老師會繼續測驗其他單字，若答錯，將給予電擊，每次答錯，電擊的伏特也會從 45V（伏特）慢慢升到最終的 450V；一般人常用的大多是 110V 或冷氣插座的 220V。

實際上，實驗中的學生是假冒的，他也會隨著愈強的電擊，用錄音機播出更慘的尖叫聲，當然 40 組的老師都會尋問實驗人員是否該繼續，實驗前，米爾格倫教授做了預測實驗結果的測驗，1％人覺得只有少數人會狠心懲罰至 450V，但第一次實驗中，62.5%的受試者，在知道不用爲實驗結果負責，只需執行任務時，最後都按到了最大的 450V（詳情可參考維基百科圖示或其他網頁）。

還記得我在小二的時候，某次月考，老師小聲的跟我說，這題的答案是另一個，雖然我認爲我寫的沒有錯，但當下我沒想太多，就把自己的答案擦掉，改成老師說的答案，結果訂正考卷時，才知道我原本寫的是正確的；看完這個實驗和我的例子，應該要客觀的來判斷事物，再做出最後的選擇，之後主管或老闆要你做違背良心的事，你還要「權威服從」嗎？

若想對人性更加了解，可以參考二〇一六年出版的《這就是人性》，有些人對自己不夠了解，也有些人不夠了解人性，所以在溝通、相處上會有缺陷，但只要你夠了解自己和人性，處事圓融，不就也等於有好人緣，能有更多的貴人來相助？

四、知行合一篇

相信有讀者看到這邊，可能還是沒很清楚自己該如何調整會較好，因爲結尾這些資訊和前面內容，有點像《射鵰英雄傳》裡的楊過，只學了打狗棒法的「心法」，而要如何運用這心法？如同之後黃蓉傳授口訣，楊過才會這套武功，所以最後也附上實做方法～

本書原先預計今年過年後就要上市，因爲結尾打算要精選、整理正確內容，不希望有任何瑕疵，所以不斷添加、優化，自己再三校正，五月中完稿，最終才敢請出版社發行的，裡面每一項變好的方法，除了外星人說的「偉大靈魂和創造力大於重要技能或權力」，其他每一點都起碼有好幾百萬人知道它的眞實性，當有人看過而沒行動，或者還在質疑時，已有人看完並開始實踐，或者在尋問詳細的執行方式了；這世界就是這樣，大多數人在進步時，有人停滯不前，就像是不進則退，每個人都容易有盲點，但要花多久時間才能突破盲點？其實也跟你的認知有極大的關係，所以封底才會寫著：認知領域=你賺得到的財富。

接下來的 20 年，變化會很大，手機能照相的功能出來後，沖洗照片的店家漸漸倒了一片，你還記得 BB call、隨身聽怎麼沒落的嗎？對於目前的元宇宙、NFT、未來趨勢，你了解多少？你不見得要參與投資，但要有初步認知，也要防範泡沫，五月初，UST 與世界第六大加密貨幣 Luna 幣在兩天內，近 400 億美元歸零，不得不防；有位退休朋友在美術館當志工，去年跟我分享美術館有體驗元宇宙的活動，我一週內立刻抽空過去並現場報名，逛到時間到，再去體驗 VR 眼鏡半小時，體驗時，我已經想像得到未來有很多人，不一定會去電影院看電影，光擁有個 VR 眼鏡，在家也能享受電影院的臨場感，且能讓很多人沈迷在遊戲裡，可能也會讓很多人繼續停留在他的階層，所以想提早退休或財富自由的人，可別花太多時間在遊戲上！並非遊戲不好，像馬斯克也曾受到遊戲的啓發，12 歲就賣出自己的第一款遊戲，我也從小時候玩三國志，在後期理解了一些戰術、道理並用在管理上，而很多人玩遊戲是純粹放鬆、休閒娛樂或要蒐集、升級，較不會把裡面學到或體悟到的用在生活上，應該是說裡面能學到或體悟到的，可能本來就不多，所以適當就好，完全禁止小孩玩電腦、手機遊戲，也會大大抑制了他們的想像、創造力。

要賺得多，其實也要慢慢去了解法律、錢的所有權&使用權、行銷、趨吉避凶、會計、哲學（反思能力）、投資、逆向思維等等……，思想固化，跟不上時代易被淘汰，思維、潛意識在從小到大，可能在一些時候被下了催眠指示、服從權威、被心理暗示（例如學校老師大多會跟全班同學說要好好讀書，以後找份穩定的工作），或受到一般人保守的觀念影響，甚至日常生活，很多人的決定都被設計過，被影響了還完全不知道！也造成了現在還有很多高齡在打工的人，也有人提出這個社會沒辦法大家都富有，不然沒人肯做基層工作，乍聽之下合理，在貧富差距愈拉愈大下（註一），加上愈來愈多人追不上通貨膨漲，沒有順應潮流，雖然有時辛苦，但沒被淘汰，不改變，繼續留在舒適圈，真的不會被淘汏嗎？

註一：根據美國社會學家羅伯特（Robert King Merton）提出的馬太效應（Matthew Effect，源自馬太福音），指出貧者越貧，富者越富。

若身邊都是月薪三萬左右的朋友，自己還沒有從事高薪工作的技能，要如何月入四萬以上？可以藉由穩健的長期投資，逐漸累積財富，同時也要了解價值投資&正和理論，建議先不要想靠外匯、期貨之類的高風險工具來翻倍；之前有在網路上看到，建議這五年不要投資的原因，雖說一定有可以投資的標的，但建議新手要投資的話，真的要多做功課，下功夫研究；新手或散戶通常賺得不多，一旦賠錢，往往把幾次賺的都賠進去了，賠得多就容易失去人性，想再凹回來或等漲回來，所以投資前得謹慎考慮；另外要離開舒適圈，嚴以律己，要讓自己身邊充滿誠實、可靠的人，有幾個影片都提到可以藉由銷售來累積自己的第一桶金，真的不想做銷售的話，除了投資，找合法的副業，創業方面往「解決大多數人困擾的方向」去思考。

現代AI技術愈來愈發達，能逐漸的幫人類完成勞力性質的工作，只要愈多人了解宇宙運行法則，懂得「反求諸己」，一切有問題都是自己，不要責怪他人，要向內求，不是一直向外求取功名利祿，你所給予的，最後會回到你身上，若沒有眞心爲他人付出，只有想賺錢，有時很難賺，若懂得愈多，不貪求，降低慾望，自然內心富足而沒有匱乏；遵循宇宙法則後，是眞的不用爲錢擔憂，除非此人沒在工作，或是開銷過於龐大；這幾年也看到了一些富有朋友的善行，他們經常付出不求回報，不論是行善或對待朋友，非常感謝他們的分享，讓我能順利把多數方法列在這本書裡面。

現實有時很殘酷，也很多人不願說眞話，認知若不符合規律，如同背道而馳，選對了路，符合了宇宙運行法則，將能扶搖直上；本書提到的所有書籍我都很推薦，有時間的話，建議要買回家詳讀，較忙的話，網路上有很多說書的頻道，可以用兩倍速（或 1.75、1.5 倍）觀看學習，對富人來說，時間很寶貴，所以我也建議從現在開始，可以把所有的發票都捐出去，長期下來，做善事又幫你省下對發票的時間！

NBA 裡也有位台裔的老闆，他是 NBA 布魯克林籃網隊的老闆蔡崇信，之前是瑞典 Investor AB 風投部門的亞洲總裁，年薪 70 萬美金，在馬雲三次創業失敗後，他願意接受馬雲初期給的月薪五百塊人民幣，成爲阿里巴巴共同創辦人，若你曾經年薪 70 萬美金，你也願意接受月薪台幣兩千多一些的工作嗎？一般人可能很難理解；富人俱樂部有提到，普通人認爲賺錢依靠正規教育，富人認爲賺錢靠的是特殊技能；也有影片標題下的很貼切：「你缺的不是錢，是看見趨勢的能力。」因爲幾乎沒人在教怎麼看見未來趨勢，但這項也是能翻身的關鍵之一，除了有敏銳度，獨特性知識也是不可獲缺的，你對這個宇宙的認知有多少？亞特蘭提斯古文明、建造金字塔的石塊較可能是聲波懸浮來搬運、遙視、山海經、伏尼契手稿，或是有看過縮骨功，七旬老翁穿下三歲小孩衣服的影片嗎？而且穿下後還能塞進三根酒瓶！用縮骨功，五臟六腑需往下移，身體眞的拉長；表演者的爸爸在他小時候逼他將全身關節脫臼再接上，反覆重複十幾年，直到身體能自行脫落，再自行恢復，絲豪不感疼痛爲止，眞的嘆爲觀止；美國哈勃望遠鏡在太空中拍到一個飄浮、巨大的白色城市，經學者研究後確認沒造假，也有博士說這就是天國；當你對這個宇宙了解的越多，大多的事情就越不會感到驚訝，不會超出認知就否定它。

三國時期的天才軍師諸葛孔明也寫了本14篇的《馬前課》，預言了三國後的各朝代興衰，第一篇的〈無力回天　鞠躬盡瘁　陰居陽拂　八千女鬼〉，八千女鬼加起來是「魏」字，也說明了他知道魏終將一統三國，但還是鞠躬盡瘁，令後人敬佩不已。

唐朝的袁天罡是相術大師，李淳風精通星象、曆法、數學、風水，是世界第一位爲風力定級的科學家，他們合著的《推背圖》，共60篇，前面的42篇，每篇都預言＋印證了唐朝後每個朝代的演變。

劉伯溫的《燒餅歌》也相當有名，「不相僧來不相道……，降在寒門草堂內，燕南趙北把金散。」網路上也有破譯「黃檗（音同迫）禪師」預言的影片，若跟上面《燒餅歌》、《馬前課》、《推背圖》這三本預言書比較，似乎《燒餅歌》較容易找到答案；我曾聽過一位律師分析古讖和預言，我事後再去看這篇從中間順時針往外唸的預言，這眞的不是人能寫得出來的，難怪一開始被找到時，無人能破譯。

《馬前課》和《推背圖》的最終兩篇，也都預言了世界大同，《馬前課》的第13課：「賢不遺野，天下一家，無名無德，光耀中華。」；《推背圖》第59象讖約：「無城無府，無爾無我，天下一家，治臻大化。」（全世界的人類道德普遍回升後，人們不再互相算計，天下人皆相親相愛）。

研讀《易經》的知名專家曾仕強教授，曾在二〇一五年就預言五年內會有瘟疫，他也預言二〇六九年會世界大同，比我猜測的還早了許多，依照他曾在慶典上現場占卜，二〇三五年人類原本面臨滅亡，但占出來是睽卦（火澤睽，眾目睽睽，大家都在關注），變卦是雷水解，解卦，代表能解決，由此來看，二〇三五年後，大家的想法都又進一步提升的話，其實世界大同不再是遙不可及的一件事，簡單的說，世上所有人都知道會世界大同這件事，同時所有在做惡的人都逐漸止步，便能漸漸水到渠成。

世上多數的人若都能慢慢提升心性、靈性，未來的子孫能提早見證這一天的到來，所以也得重視環保、海洋污染、海平面年年升高等問題！俄羅斯的人類宇宙航行之父康斯坦丁（Konstanty）曾說過：「地球是人類的搖籃，但是人不能一直生活在搖籃裡。」雖然現今有 SpaceX 打造上火星的計劃，但要正視這些環保問題才是根本。

天生我才必有用，其實這個世界，每個人都有他的專長，每個人的潛能都很大，眞的只是小時候被抑制或自己不懂得去開發，你有發現結尾，不同暢銷書作者所寫的方法，有些是雷同、相似的嗎？斷疑方能生信，看到這邊，至少要擁有相信的力量，擁有仁慈心，懂得布施，並加以學習先賢智慧或是變現率較高的知識，時間一拉長，能讓你有更好的生活；許多人都在學習成功的方法，但實際上這些方法套用在每個人身上，有些人並不適用，所以要因材施教，要懂得學習去了解成功者怎麼從失敗中迅速爬起來和失敗的原因。

要送給所有讀者的一句話～It's never too late to make your life better，意思是對人生的改變，何時都不晚；「潛意識」影響意識，意識決定了行爲，行爲決定了結果；我以前也常否定超出自己認知的事物，但正是因爲這樣，所以限制了自己的格局，這和學校通常是培育員工的搖籃是一樣的原理，學校往往沒教你要怎麼創業或賺錢，以前的父母也都要孩子好好唸書，將來找份穩定的工作，這也是富人恆富，窮人恆窮的關鍵之一，因爲小孩子的創造力、學習力很旺盛的時期，一旦限制住了，或者他們周圍的朋友也都建議他，未來找份好工作，那麼他很可能順應多數意見，未來要創新、開創的機率就大幅降低，這裡並非要批評學校教育，只是現代變化太快，有更好的方法；以前也曾有學生問我，學這個二元一次方程式，以後又用不到，當時我心裡也知道，對一般人來說，的確出社會後極少有機會用到這些或函數之類的，我求學時也曾經想過類似問題，這以後可能用不到，所以當下沒認真學習，但現在回想起來，若對喜歡旅遊的人，地理相當重要，對老闆或企業家而言，歷史（帝王術）、心理學、管理學相當重要！而歷史並非單純的讀了各朝代的演變，而是要了解背後興衰原因和像三國時期的戰術、孫子兵法（可參考老高與小茉的影片，約28分鐘，或下載孫子兵法的app），懂了帝王之術、朝代爲何興衰，再套用到你曾經待過的公司或其他場合，可以了解爲何這家店生意很好、那家公司爲何最後倒閉，相當實用；教育的最高境界是喚醒，有些人都不太聽師長、父母、老闆的話，老師用一般教法的話，學生可能吸收有限，更何況有多少老師、醫生不太了解宇宙萬物規律，再用非正確的知識傳承下去，如之奈何？下一代要怎麼更好？

像首富Elon Musk（馬斯克）旗下的SpaceX，讓國際空間站的運輸成本降了95%！好比成本100億降爲5億，省下95億的概念；他們當初在做電動車時，問了市面上所有製造電池的工廠，大家都說多年來的價格都是這樣，電池的成本沒辦法再低了，結果馬斯克把製造電池需要的原物料和其價格列出清單，思考如何降低每個物料的成本，最終他們做出的電池，比市面上的便宜好幾倍，這也顯示了一般大眾對某些事物的認知不見得是正確的。

本書能提供你正確認知，你也要格局高，眼光遠，容易做出更好的判斷與決定，悟性高或跌到谷底的人，是我估計看完本書後，能非常有收獲的一群人；若從事八大行業的人，一旦轉念、金盆洗手，換到非八大的行業，要更上一層樓是非常容易的，現在眞的是很好的時機點，不然後面要回頭會更難，會有更大的阻力，要付出更多代價；若是老闆、企業家，能至少在初一、十五供員工一兩餐蔬食餐點，除了稍微提升公司磁場、氣場，未來也能賺回比你供餐還多的錢，若也能去幫助更多需要幫助的人，不僅職場整體運作會更順，對企業、社會也會有很大的貢獻；若是一般做兼職、短期、臨時工，只要有把工作當成自家事業在做，不遲到早退、不偷懶摸魚，基本上要轉正職，許多老闆有好的工作機會時，都很樂意介紹，但偏偏就是還沒具備這些工作態度，所以還沒轉正職或當老闆，此事我和有請人的朋友討論過，正職的還好，非正職的人可能潛意識把自己設定在做非正職的工作，有的隨便做做，甚至愛聊天而影響同事，你覺得那位老闆放心，敢讓他們獨當一面？別讓自己的思維限制住了自己，結尾的《世界最神奇的24堂課》，裡面的第4、9、21堂課，可以再多研究裡面內容，好讓自己早日晉升正職工作或創業。

市面上有很多書，記載了許多該書作者覺得不錯的方法，這半年我找了大量相關資訊，已幫各位都濃縮在本書裡了；綜合以上所有方法，第一步要先問自己，還要不要繼續當被控制的羊？被操控不可怕，不知道自己被操控，非常恐怖！別人有時也很難幫你；第二步是一人有一個夢想，要建立一個以上的夢想和善願，有了後才更有動力去執行並逐步完成，每天早晨叫醒你的是得起床去上班的鬧鐘？還是喚醒你要去實行夢想的鬧鈴？再來要堅持三八理論裡面（8小時工作、8小時自己時間、8小時休息），自己的8小時要抽空持續學習財商、先賢智慧、研究趨勢，因爲若是像有些人拿這些時間追劇、打遊戲，注定難往高薪邁進（除非他是在玩少數能賺錢的遊戲，例如：越南開發的Axie Infinity），此外在學習過程也要慎選，因爲我有看到不錯的頻道，持續分享正能量、成功模式，但有一次居然教大家一個攻擊抹黑他人的方法，所以要靠智慧去判斷網路上的一切；另外有影片說老實的人賺不到錢，若清楚宇宙法則，老實的人可能短期賺得比不老實的還少，但長期下來，老實人會是贏家，而藉由話術、演戲欺騙賺來的錢，終將會在未來，藉由一個或多個事件虧掉這些錢！一切都要有基本的道德良心，你賺錢才能賺得安心踏實。

要變更好，第三步要說服自己的潛意識並且行動，不能光有想法而沒執行，接著要先改掉所有讓自己扣分的行爲，至於書中提到眾多變好的方法，你要全部使用或依照自己喜好來使用是看自己，只有使用變好的方法，依然存在著脾氣、缺點，像是財庫破洞，一邊賺錢一邊漏財，效果有限，必須得了解這點，不然去實行了，感覺效果不明顯，可能會以爲方法沒效；實行後一定有效果，就看要不要做而已。

《易經》有提到：「變動以利言，吉凶以情遷」，後面這句是說，情緒變化會帶給人吉凶，所以要控管好自己情緒，很多人容易因一件事發怒或不高興，能量立刻下降，會吸引來負面的事物，也容易做出錯誤的決定，所謂火燒功德林，別讓這把火燒掉自己一部分的功德！還有做好各項養生，各方面都杜絕不好的，好的自然持續而來。

環境也是很大的關鍵之一，簡單舉例，身邊有人督促你怎麼做，或有一群朋友也這麼做時，習慣成自然，植入成功模式、做法不難；若身邊的人都是保守、偏負面的朋友較多，且他們對你去執行成功、變好的行爲有意見時，你很容易要顧全他們的感受而卻步，有兩個以上的影本，也都說要成功，必需立刻脫離你現在的圈子，有必要那麼絕情嗎？但現在仔細探討這件事的本質，這是有必要的，因爲環境除了是學語言的關鍵，它也極可能是你成敗的關鍵！網路上也有一個說法：「你身邊最好的五位朋友，他們收入的平均，就是你的收入。」雖然不一定很準確，但這也印證了近朱者赤，近墨者黑，如果你還在持續應酬、朋友找你出去，常常需要把錢花在娛樂上，且這些朋友平時談論的，對你的成長大多沒幫助時，這時必需像影片說的，離開他們，當然一般人不太會去實踐此事，因爲他們並不清楚，不脫離這樣的朋友群，難有更好成就，也不清楚，長期跟良師益友型的朋友相處，能讓他變好一倍以上；不離開，會延遲你變更好的時間，雖說趕緊跟等級更高的人相處，多跟他們學習，會大幅加快變好速度，但沒有每天充實自己，有時很難融入等級高的族群，其實不論把再好的方法放在所有人面前，一定有人可以全部接收，也有人較無感，不清楚做了能否眞的扶遙直上。

不要太顧面子和怕吃虧，現在的人愈來愈聰明，有些人會說，被罵或被指責，算是在消自己的業障；吃虧才是占便宜，有時吃虧，最後也很可能是贏家，因爲不比較，不計較是王道；要有怎樣的人生由自己創造，本書方法全部實踐，自然「榮光因緣來」。

感謝看到這邊的你，你也要感謝你自己，讓自己增廣見聞；這世界往往是由看不到的（觀念、思維、情緒、業力、能量），決定看得到的，而你的格局、視野、認知也會跟你的財富有很大的關係！很多人是因爲不相信或是懶得改變，之前或數年前的決定，造就了他們現在的命運；我也衷心的感謝每位讀者，爲了寫這本書，我研究了非常多資訊，除了增加見聞，年初再次看了幾部一、兩年前看不太懂的影片，大部分有看懂了，感謝有你們。

最後，二〇一一年的某一天，在西澳賭場裡，當時 Caribbean stud 滿桌（加勒比海撲克：每人發 5 張，跟莊家比大小），我排隊等著上桌，一位華人離桌，換我坐上去時，我第一把一樣有押 Jackpot（彩金），莊家發完牌，我拿起來一看是葫蘆，哇！這把贏了 750 澳幣（大約跟當時台灣一個月的月薪差不多）；二〇一二年底，我辭了在賭場的工作，跟最好的越南朋友，陪他回墨爾本探望雙親，順道旅遊一週，其中一天我夢到我的錢包掉了，早上起床上網查了一下，代表有財運，所以就請朋友晚點載我去賭場，上桌後第一把我沒看牌就下注，莊家翻開，我居然中了同花，150澳幣的彩金，雖然比西澳還少，但也是很神奇的一段經歷；二〇一二的六月，也是我去澳洲的第二年，此時冬天較難找工作，在等工作期間去了賭場，沒想到在德州撲克現金桌上連贏了8天，所以我曾有一個月，只有3、4天沒去賭場的記錄，此外，甚至有一次在一小時內就贏了澳幣一千初頭，這些都是我當時會沉迷賭場的原因，然而十賭九輸，之後贏的錢就逐漸的輸回去；現場的德州撲克現金桌需要運氣和技術，有時波動大，要像少數的職業德州撲克玩家長期盈利不容易！自己浪費了許多寶貴的時間，但也希望這能成爲許多人的借鏡。

以前的我，看到了很多台灣的缺陷，有國外的月亮比較圓的想法，在澳洲待慣了，也有久居國外的想法；近年來慢慢提升自己，了解凡事都有正反兩面，只是看待的角度不同，也了解輿論、帶動風向的影響後，

照片來源
APL（Australia Poker League）某次比賽的Final Table

就明白一切都是自己的問題，當局者迷，自己跳出問題本身再去思考，容易得到比先前還好的答案，最終一切要往內求，若要往外求時，得思考自己付出了多少？

我以前午餐和晚餐是一定要有肉的，如果一位曾經沉迷賭場，做過八大行業的人，都能透過學習、改變，把以前大起大落轉換爲平穩向上的生活，可見只要有心，願意接受正知正見，良知有被喚醒，你一定也可以，一切一定會逐漸變好！

你多久沒運動流汗？多久沒開懷大笑了？看完本書，你準備好要一起成長、升級、學習，先歸零然後重新面對自己嶄新的人生了嗎？下面的故事，可讓多數人在未來有不同的分水嶺～從前有個富翁，因爲某些原因，在自己的三胞胎出生時，就把他們分送給 ABC 三位不富有的朋友領養，時光飛逝，如今三胞胎已長大成人，領養老大的朋友 A，藉由暗示的方式，讓老大終於明白並非是自己親生的，老大因爲從小被他們拉拔長大，親情＋環境關係，一開始並不太相信，但經由 DNA 對比後，雖然不捨，但也開心的接受事實，回到富裕的家庭；朋友 B 則在老二成年後告訴他實情，但老二也基於親情＋環境，遲遲不願接受事實，他選擇繼續留在朋友 B 的家庭生活；而朋友 C 則是不願意跟老三說明身世，以上，故事就這樣而已，若你能選擇這三胞胎的角色，你要當那一位呢？

一、兩年前，我曾經看到關於三國時期的空城計，司馬懿是故意撤軍的理論，當時我不以爲然，心裡想說怎麼可能？去年底看了周老師分析三國的影片，也有相同的論述，我還是相信小時候課本裡所教的，到了今年四月初，我第三次看到這個理論，我仔細的換位思考後，才了解史實比較可能像裴松之寫的《三國志註》中提到，當年司馬懿在宛城（洛陽南方），即使司馬懿有帶兵到西城城下，照常理判斷也是故意撤軍，才不會打贏蜀漢後，回朝就被奪回軍權（因爲曹操有交代子孫要提防司馬懿）；而空城計是常山趙子龍在北伐時某次戰役使用的，只是羅貫中把《三國演義》寫得太精彩，若不去了解三國志史實，則會被《三國演義》誤導。

說來慚愧，在撰寫本書，建議大家要空杯心態來學習，客觀的態度來分析，但自己卻也犯了這樣的錯誤；在年初時，有新聞報導，推翻了達爾文的進化論，且查詢之下，才發現國外前幾年就有質疑進化論的討論，說明人類並非進化論而來；若空城計和進化論有超乎你的想像，那不妨上網看看他人論述。

可以搜尋 YouTube 頻道「高維領域」，觀看本書延伸討論的影片，裡面也一樣提供非常有價值的「獨特性知識」，假如有疑問，歡迎留言，也可以上 FB 搜尋本書書名或掃描下方 QR code，若看完本書，願意開始去實行書中方法，且不介意你的成效讓其他人知道，也請在上述管道留言，我會主動跟你聯絡，並把你願意公開的部分，藉由影片分享和寫進第二本書「こだわり 2024 最後のきりふだ」《2024 極講究～最終的王牌》，無形中你可以幫助到更多的人！跟更多人結下善緣！雖說裡面沒有任何一個方法是我想出來的，但藉由空城計和進化論，我了解有些人眞的需要較多的數據和結果證明，才會願意開始行動、改變，這些人有可能是你的家人、親戚、好友，所以到底能有多少人因此而變好？這跟你提供的一句話、一個見證也息息相關！

讓我們一起感恩所有發生在自己身上的事，每件事都是來讓自己學習成長的，相信明、後年會有更多的方法、見證能跟大家分享，眞心希望讀完本書的讀者，都能獲得很大的啓發，能解開當下或長久以來的疑惑，「人生」這款遊戲能順利破關，peace out！

國家圖書館出版品預行編目資料

2022 你所不知的世／王鈺聖著. --初版. --臺中市：白象文化事業有限公司，2022.08
面； 公分
ISBN 978-626-7151-60-0（平裝）
1.CST: 成功法

177.2 111009674

2022你所不知的世

作　　者　王鈺聖
校　　對　王鈺聖
發 行 人　張輝潭
出版發行　白象文化事業有限公司
412台中市大里區科技路1號8樓之2（台中軟體園區）
出版專線：（04）2496-5995　傳真：（04）2496-9901
401台中市東區和平街228巷44號（經銷部）
購書專線：（04）2220-8589　傳真：（04）2220-8505
出版編印　林榮威、陳逸儒、黃麗穎、水邊、陳媁婷、李婕
設計創意　張禮南、何佳諠
經紀企劃　張輝潭、徐錦淳、廖書湘
經銷推廣　李莉吟、莊博亞、劉育姍、林政泓
行銷宣傳　黃姿虹、沈若瑜
營運管理　林金郎、曾千熏
印　　刷　基盛印刷工場
初版一刷　2022 年 08 月
定　　價　280 元